CORÉEN
VOCABULAIRE

FRANÇAIS
COREEN

Les mots les plus utiles
Pour enrichir votre vocabulaire et aiguiser
vos compétences linguistiques

3000 mots

Vocabulaire Français-Coréen pour l'autoformation. 3000 mots
Dictionnaire thématique

Par Andrey Taranov

Les dictionnaires T&P Books ont pour but de vous aider à apprendre, à mémoriser et à réviser votre vocabulaire en langue étrangère. Ce dictionnaire thématique couvre tous les grands domaines du quotidien: l'économie, les sciences, la culture, etc ...

Acquérir du vocabulaire avec les dictionnaires thématiques T&P Books vous offre les avantages suivants:

- Les données d'origine sont regroupées de manière cohérente, ce qui vous permet une mémorisation lexicale optimale
- La présentation conjointe de mots ayant la même racine vous permet de mémoriser des groupes sémantiques entiers (plutôt que des mots isolés)
- Les sous-groupes sémantiques vous permettent d'associer les mots entre eux de manière logique, ce qui facilite votre consolidation du vocabulaire
- Votre maîtrise de la langue peut être évaluée en fonction du nombre de mots acquis

T&P Books Publishing
www.tpbooks.com

ISBN: 978-1-78616-595-4

Ce livre existe également en format électronique.
Pour plus d'informations, veuillez consulter notre site: www.tpbooks.com ou rendez-vous sur ceux des grandes librairies en ligne.

VOCABULAIRE CORÉEN POUR L'AUTOFORMATION
Dictionnaire thématique

Les dictionnaires T&P Books ont pour but de vous aider à apprendre, à mémoriser et à réviser votre vocabulaire en langue étrangère. Ce lexique présente, de façon thématique, plus de 3000 mots les plus fréquents de la langue.

* Ce livre comporte les mots les plus couramment utilisés
* Son usage est recommandé en complément de l'étude de toute autre méthode de langue
* Il répond à la fois aux besoins des débutants et à ceux des étudiants en langues étrangères de niveau avancé
* Il est idéal pour un usage quotidien, des séances de révision ponctuelles et des tests d'auto-évaluation
* Il vous permet de tester votre niveau de vocabulaire

Spécificités de ce dictionnaire thématique:

* Les mots sont présentés de manière sémantique, et non alphabétique
* Ils sont répartis en trois colonnes pour faciliter la révision et l'auto-évaluation
* Les groupes sémantiques sont divisés en sous-groupes pour favoriser l'apprentissage
* Ce lexique donne une transcription simple et pratique de chaque mot en langue étrangère

Ce dictionnaire comporte 101 thèmes, dont:

les notions fondamentales, les nombres, les couleurs, les mois et les saisons, les unités de mesure, les vêtements et les accessoires, les aliments et la nutrition, le restaurant, la famille et les liens de parenté, le caractère et la personnalité, les sentiments et les émotions, les maladies, la ville et la cité, le tourisme, le shopping, l'argent, la maison, le foyer, le bureau, la vie de bureau, l'import-export, le marketing, la recherche d'emploi, les sports, l'éducation, l'informatique, l'Internet, les outils, la nature, les différents pays du monde, les nationalités, et bien d'autres encore …

TABLE DES MATIÈRES

GUIDE DE PRONONCIATION

Lettre	Exemple en coréen	Alphabet phonétique T&P	Exemple en français
		Consonnes	
ㄱ [1]	개	[k]	bocal
ㄱ [2]	아기	[g]	gris
ㄲ	껌	[k]	[k] appuyé
ㄴ	눈	[n]	ananas
ㄷ [3]	달	[t]	tennis
ㄷ [4]	사다리	[d]	document
ㄸ	딸	[t]	[t] appuyé
ㄹ [5]	라디오	[r]	racine, rouge
ㄹ [6]	십팔	[l]	vélo
ㅁ	문	[m]	minéral
ㅂ [7]	봄	[p]	panama
ㅂ [8]	아버지	[b]	bureau
ㅃ	빵	[p]	[p] appuyé
ㅅ [9]	실	[s]	syndicat
ㅅ [10]	옷	[t]	tennis
ㅆ	쌀	[ja:]	diamant
ㅇ [11]	강	[ŋg]	anglais - single, russe - динго
ㅈ [12]	집	[tɕ]	Tchèque
ㅈ [13]	아주	[dʑ]	jean
ㅉ	짬	[tɕ]	[tch] appuyé
ㅊ	차	[ʨh]	[tsch] aspiré
ㅌ	택시	[th]	[t] aspiré
ㅋ	칼	[kh]	[k] aspiré
ㅍ	포도	[ph]	[p] aspiré
ㅎ	한국	[h]	[h] aspiré

Lettre	Exemple en coréen	Alphabet phonétique T&P	Exemple en français

Voyelles et combinaisons de voyelles

ㅏ	사	[a]	classe
ㅑ	향	[ja]	caviar
ㅓ	머리	[ʌ]	carotte
ㅕ	병	[jɑ]	familial
ㅗ	몸	[o]	normal
ㅛ	표	[jɔ]	pavillon
ㅜ	물	[u]	boulevard
ㅠ	슈퍼	[ju]	voyou
ㅡ	음악	[ɪ]	capital
ㅣ	길	[i], [iː]	faillite
ㅐ	뱀	[ɛ], [ɛː]	arène
ㅒ	애기	[je]	conseiller
ㅔ	펜	[e]	équipe
ㅖ	계산	[je]	conseiller
ㅘ	왕	[wa]	réservoir
ㅙ	왜	[ʊə]	trouée
ㅚ	회의	[ø], [we]	peu, web
ㅝ	권	[uɔ]	duo
ㅞ	웬	[ʊə]	trouée
ㅟ	쥐	[wi]	kiwi
ㅢ	거의	[ɯi]	combinaison [ɪi]

Remarques

[1] au début d'un mot
[2] entre des sons voisés
[3] au début d'un mot
[4] entre des sons voisés
[5] en début de syllabe
[6] en fin de syllabe
[7] au début d'un mot
[8] entre des sons voisés
[9] en début de syllabe
[10] en fin de syllabe
[11] en fin de syllabe
[12] au début d'un mot
[13] entre des sons voisés

ABRÉVIATIONS
employées dans ce livre

Abréviations en français

adj	-	adjective
adv	-	adverbe
anim.	-	animé
conj	-	conjonction
dénombr.	-	dénombrable
etc.	-	et cetera
f	-	nom féminin
f pl	-	féminin pluriel
fam.	-	familiar
fem.	-	féminin
form.	-	formal
inanim.	-	inanimé
indénombr.	-	indénombrable
m	-	nom masculin
m pl	-	masculin pluriel
m, f	-	masculin, féminin
masc.	-	masculin
math	-	mathematics
mil.	-	militaire
pl	-	pluriel
prep	-	préposition
pron	-	pronom
qch	-	quelque chose
qn	-	quelqu'un
sing.	-	singulier
v aux	-	verbe auxiliaire
v imp	-	verbe impersonnel
vi	-	verbe intransitif
vi, vt	-	verbe intransitif, transitif
vp	-	verbe pronominal
vt	-	verbe transitif

CONCEPTS DE BASE

1. Les pronoms

je	나, 저	na
tu	너	neo
il	그, 그분	geu, geu-bun
elle	그녀	geu-nyeo
ça	그것	geu-geot
nous	우리	u-ri
vous	너희	neo-hui
vous (form., sing.)	당신	dang-sin
ils, elles	그들	geu-deul

2. Adresser des vœux. Se dire bonjour

Bonjour! (fam.)	안녕!	an-nyeong!
Bonjour! (form.)	안녕하세요!	an-nyeong-ha-se-yo!
Bonjour! (le matin)	안녕하세요!	an-nyeong-ha-se-yo!
Bonjour! (après-midi)	안녕하세요!	an-nyeong-ha-se-yo!
Bonsoir!	안녕하세요!	an-nyeong-ha-se-yo!
dire bonjour	인사하다	in-sa-ha-da
Salut!	안녕!	an-nyeong!
salut (m)	인사	in-sa
saluer (vt)	인사하다	in-sa-ha-da
Comment ça va?	잘 지내세요?	jal ji-nae-se-yo?
Quoi de neuf?	어떻게 지내?	eo-tteo-ke ji-nae?
Au revoir!	안녕히 가세요!	an-nyeong-hi ga-se-yo!
À bientôt!	또 만나요!	tto man-na-yo!
Adieu! (fam.)	잘 있어!	jal ri-seo!
Adieu! (form.)	안녕히 계세요!	an-nyeong-hi gye-se-yo!
dire au revoir	작별인사를 하다	jak-byeo-rin-sa-reul ha-da
Salut! (À bientôt!)	안녕!	an-nyeong!
Merci!	감사합니다!	gam-sa-ham-ni-da!
Merci beaucoup!	대단히 감사합니다!	dae-dan-hi gam-sa-ham-ni-da!
Je vous en prie	천만이에요	cheon-man-i-e-yo
Il n'y a pas de quoi	천만의 말씀입니다	cheon-man-ui mal-sseum-im-ni-da
Pas de quoi	천만에	cheon-man-e
Excuse-moi!	실례!	sil-lye!
Excusez-moi!	실례합니다!	sil-lye-ham-ni-da!

excuser (vt)	용서하다	yong-seo-ha-da
s'excuser (vp)	사과하다	sa-gwa-ha-da
Mes excuses	사과드립니다	sa-gwa-deu-rim-ni-da
Pardonnez-moi!	죄송합니다!	joe-song-ham-ni-da!
pardonner (vt)	용서하다	yong-seo-ha-da
s'il vous plaît	부탁합니다	bu-tak-am-ni-da
N'oubliez pas!	잊지 마십시오!	it-ji ma-sip-si-o!
Bien sûr!	물론이에요!	mul-lon-i-e-yo!
Bien sûr que non!	물론 아니에요!	mul-lon a-ni-e-yo!
D'accord!	그래요!	geu-rae-yo!
Ça suffit!	그만!	geu-man!

3. Les questions

Qui?	누구?	nu-gu?
Quoi?	무엇?	mu-eot?
Où? (~ es-tu?)	어디?	eo-di?
Où? (~ vas-tu?)	어디로?	eo-di-ro?
D'où?	어디로부터?	eo-di-ro-bu-teo?
Quand?	언제?	eon-je?
Pourquoi? (~ es-tu venu?)	왜?	wae?
Pourquoi? (~ t'es pâle?)	왜?	wae?
À quoi bon?	무엇을 위해서?	mu-eos-eul rwi-hae-seo?
Comment?	어떻게?	eo-tteo-ke?
Quel? (à ~ prix?)	어떤?	eo-tteon?
Lequel?	어느?	eo-neu?
À qui? (pour qui?)	누구에게?	nu-gu-e-ge?
De qui?	누구에 대하여?	nu-gu-e dae-ha-yeo?
De quoi?	무엇에 대하여?	mu-eos-e dae-ha-yeo?
Avec qui?	누구하고?	nu-gu-ha-go?
Combien?	얼마?	eol-ma?
À qui? (~ est ce livre?)	누구의?	nu-gu-ui?

4. Les prépositions

avec (~ toi)	… 하고	… ha-go
sans (~ sucre)	없이	eop-si
à (aller ~ …)	… 에	… e
de (au sujet de)	… 에 대하여	… e dae-ha-yeo
avant (~ midi)	전에	jeon-e
devant (~ la maison)	… 앞에	… a-pe
sous (~ la commode)	밑에	mi-te
au-dessus de …	위에	wi-e
sur (dessus)	위에	wi-e
de (venir ~ Paris)	… 에서	… e-seo
en (en bois, etc.)	… 로	… ro
dans (~ deux heures)	… 안에	… a-ne
par dessus	너머	dwi-e

5. Les mots-outils. Les adverbes. Partie 1

Où? (~ es-tu?)	어디?	eo-di?
ici (c'est ~)	여기	yeo-gi
là-bas (c'est ~)	거기	geo-gi
quelque part (être)	어딘가	eo-din-ga
nulle part (adv)	어디도	eo-di-do
près de ...	옆에	yeo-pe
près de la fenêtre	창문 옆에	chang-mun nyeo-pe
Où? (~ vas-tu?)	어디로?	eo-di-ro?
ici (Venez ~)	여기로	yeo-gi-ro
là-bas (j'irai ~)	거기로	geo-gi-ro
d'ici (adv)	여기서	yeo-gi-seo
de là-bas (adv)	거기서	geo-gi-seo
près (pas loin)	가까이	ga-kka-i
loin (adv)	멀리	meol-li
près de (~ Paris)	근처에	geun-cheo-e
tout près (adv)	인근에	in-geu-ne
pas loin (adv)	멀지 않게	meol-ji an-ke
gauche (adj)	왼쪽의	oen-jjo-gui
à gauche (être ~)	왼쪽에	oen-jjo-ge
à gauche (tournez ~)	왼쪽으로	oen-jjo-geu-ro
droit (adj)	오른쪽의	o-reun-jjo-gui
à droite (être ~)	오른쪽에	o-reun-jjo-ge
à droite (tournez ~)	오른쪽으로	o-reun-jjo-geu-ro
devant (adv)	앞쪽에	ap-jjo-ge
de devant (adj)	앞의	a-pui
en avant (adv)	앞으로	a-peu-ro
derrière (adv)	뒤에	dwi-e
par derrière (adv)	뒤에서	dwi-e-seo
en arrière (regarder ~)	뒤로	dwi-ro
milieu (m)	가운데	ga-un-de
au milieu (adv)	가운데에	ga-un-de-e
de côté (vue ~)	옆에	yeo-pe
partout (adv)	모든 곳에	mo-deun gos-e
autour (adv)	주위에	ju-wi-e
de l'intérieur	내면에서	nae-myeon-e-seo
quelque part (aller)	어딘가에	eo-din-ga-e
tout droit (adv)	똑바로	ttok-ba-ro
en arrière (revenir ~)	뒤로	dwi-ro
de quelque part (n'import d'où)	어디에서든지	eo-di-e-seo-deun-ji
de quelque part (on ne sait pas d'où)	어디로부터인지	eo-di-ro-bu-teo-in-ji

premièrement (adv)	첫째로	cheot-jjae-ro
deuxièmement (adv)	둘째로	dul-jjae-ro
troisièmement (adv)	셋째로	set-jjae-ro

soudain (adv)	갑자기	gap-ja-gi
au début (adv)	처음에	cheo-eum-e
pour la première fois	처음으로	cheo-eu-meu-ro
bien avant ...	··· 오래 전에	... o-rae jeon-e
de nouveau (adv)	다시	da-si
pour toujours (adv)	영원히	yeong-won-hi

jamais (adv)	절대로	jeol-dae-ro
de nouveau, encore (adv)	다시	da-si
maintenant (adv)	이제	i-je
souvent (adv)	자주	ja-ju
alors (adv)	그때	geu-ttae
d'urgence (adv)	급히	geu-pi
d'habitude (adv)	보통으로	bo-tong-eu-ro

à propos, ...	그건 그렇고, ···	geu-geon geu-reo-ko, ...
c'est possible	가능한	ga-neung-han
probablement (adv)	아마	a-ma
peut-être (adv)	어쩌면	eo-jjeo-myeon
en plus, ...	게다가 ···	ge-da-ga ...
c'est pourquoi ...	그래서 ···	geu-rae-seo ...
malgré ...	··· 에도 불구하고	... e-do bul-gu-ha-go
grâce à ...	··· 덕분에	... deok-bun-e

quelque chose (Il m'est arrivé ~)	무엇인가	mu-eon-nin-ga
quelque chose (peut-on faire ~)	무엇이든지	mu-eon-ni-deun-ji
rien (m)	아무것도	a-mu-geot-do

| quelqu'un (on ne sait pas qui) | 누구 | nu-gu |
| quelqu'un (n'importe qui) | 누군가 | nu-gun-ga |

personne (pron)	아무도	a-mu-do
nulle part (aller ~)	아무데도	a-mu-de-do
de personne	누구의 것도 아닌	nu-gu-ui geot-do a-nin
de n'importe qui	누군가의	nu-gun-ga-ui

comme ça (adv)	그래서	geu-rae-seo
également (adv)	역시	yeok-si
aussi (adv)	또한	tto-han

6. Les mots-outils. Les adverbes. Partie 2

Pourquoi?	왜?	wae?
pour une certaine raison	어떤 이유로	eo-tteon ni-yu-ro
parce que ...	왜냐하면 ···	wae-nya-ha-myeon ...
pour une raison quelconque	어떤 목적으로	eo-tteon mok-jeo-geu-ro
et (conj)	그리고	geu-ri-go
ou (conj)	또는	tto-neun

mais (conj)	그러나	geu-reo-na
pour ... (prep)	위해서	wi-hae-seo
trop (adv)	너무	neo-mu
seulement (adv)	... 만	... man
précisément (adv)	정확하게	jeong-hwak-a-ge
près de ... (prep)	약	yak
approximativement	대략	dae-ryak
approximatif (adj)	대략적인	dae-ryak-jeo-gin
presque (adv)	거의	geo-ui
reste (m)	나머지	na-meo-ji
chaque (adj)	각각의	gak-ga-gui
n'importe quel (adj)	아무	a-mu
beaucoup (adv)	많이	ma-ni
plusieurs (pron)	많은 사람들	ma-neun sa-ram-deul
tous	모두	mo-du
en échange de ...	... 의 교환으로	... ui gyo-hwa-neu-ro
en échange (adv)	교환으로	gyo-hwa-neu-ro
à la main (adv)	수공으로	su-gong-eu-ro
peu probable (adj)	거의	geo-ui
probablement (adv)	아마	a-ma
exprès (adv)	일부러	il-bu-reo
par accident (adv)	우연히	u-yeon-hi
très (adv)	아주	a-ju
par exemple (adv)	예를 들면	ye-reul deul-myeon
entre (prep)	사이에	sa-i-e
parmi (prep)	중에	jung-e
autant (adv)	이만큼	i-man-keum
surtout (adv)	특히	teuk-i

NOMBRES. DIVERS

7. Les nombres cardinaux. Partie 1

zéro	영	yeong
un	일	il
deux	이	i
trois	삼	sam
quatre	사	sa
cinq	오	o
six	육	yuk
sept	칠	chil
huit	팔	pal
neuf	구	gu
dix	십	sip
onze	십일	si-bil
douze	십이	si-bi
treize	십삼	sip-sam
quatorze	십사	sip-sa
quinze	십오	si-bo
seize	십육	si-byuk
dix-sept	십칠	sip-chil
dix-huit	십팔	sip-pal
dix-neuf	십구	sip-gu
vingt	이십	i-sip
vingt et un	이십일	i-si-bil
vingt-deux	이십이	i-si-bi
vingt-trois	이십삼	i-sip-sam
trente	삼십	sam-sip
trente et un	삼십일	sam-si-bil
trente-deux	삼십이	sam-si-bi
trente-trois	삼십삼	sam-sip-sam
quarante	사십	sa-sip
quarante et un	사십일	sa-si-bil
quarante-deux	사십이	sa-si-bi
quarante-trois	사십삼	sa-sip-sam
cinquante	오십	o-sip
cinquante et un	오십일	o-si-bil
cinquante-deux	오십이	o-si-bi
cinquante-trois	오십삼	o-sip-sam
soixante	육십	yuk-sip
soixante et un	육십일	yuk-si-bil

soixante-deux	육십이	yuk-si-bi
soixante-trois	육십삼	yuk-sip-sam
soixante-dix	칠십	chil-sip
soixante et onze	칠십일	chil-si-bil
soixante-douze	칠십이	chil-si-bi
soixante-treize	칠십삼	chil-sip-sam
quatre-vingts	팔십	pal-sip
quatre-vingt et un	팔십일	pal-si-bil
quatre-vingt deux	팔십이	pal-si-bi
quatre-vingt trois	팔십삼	pal-sip-sam
quatre-vingt-dix	구십	gu-sip
quatre-vingt et onze	구십일	gu-si-bil
quatre-vingt-douze	구십이	gu-si-bi
quatre-vingt-treize	구십삼	gu-sip-sam

8. Les nombres cardinaux. Partie 2

cent	백	baek
deux cents	이백	i-baek
trois cents	삼백	sam-baek
quatre cents	사백	sa-baek
cinq cents	오백	o-baek
six cents	육백	yuk-baek
sept cents	칠백	chil-baek
huit cents	팔백	pal-baek
neuf cents	구백	gu-baek
mille	천	cheon
deux mille	이천	i-cheon
trois mille	삼천	sam-cheon
dix mille	만	man
cent mille	십만	sim-man
million (m)	백만	baeng-man
milliard (m)	십억	si-beok

9. Les nombres ordinaux

premier (adj)	첫 번째의	cheot beon-jjae-ui
deuxième (adj)	두 번째의	du beon-jjae-ui
troisième (adj)	세 번째의	se beon-jjae-ui
quatrième (adj)	네 번째의	ne beon-jjae-ui
cinquième (adj)	다섯 번째의	da-seot beon-jjae-ui
sixième (adj)	여섯 번째의	yeo-seot beon-jjae-ui
septième (adj)	일곱 번째의	il-gop beon-jjae-ui
huitième (adj)	여덟 번째의	yeo-deol beon-jjae-ui
neuvième (adj)	아홉 번째의	a-hop beon-jjae-ui
dixième (adj)	열 번째의	yeol beon-jjae-ui

LES COULEURS. LES UNITÉS DE MESURE

10. Les couleurs

couleur (f)	색	sae
teinte (f)	색조	saek-jo
ton (m)	색상	saek-sang
arc-en-ciel (m)	무지개	mu-ji-gae
blanc (adj)	흰	huin
noir (adj)	검은	geo-meun
gris (adj)	회색의	hoe-sae-gui
vert (adj)	초록색의	cho-rok-sae-gui
jaune (adj)	노란	no-ran
rouge (adj)	빨간	ppal-gan
bleu (adj)	파란	pa-ran
bleu clair (adj)	하늘색의	ha-neul-sae-gui
rose (adj)	분홍색의	bun-hong-sae-gui
orange (adj)	주황색의	ju-hwang-sae-gui
violet (adj)	보라색의	bo-ra-sae-gui
brun (adj)	갈색의	gal-sae-gui
d'or (adj)	금색의	geum-sae-gui
argenté (adj)	은색의	eun-sae-gui
beige (adj)	베이지색의	be-i-ji-sae-gui
crème (adj)	크림색의	keu-rim-sae-gui
turquoise (adj)	청록색의	cheong-nok-sae-gui
rouge cerise (adj)	암적색의	am-jeok-sae-gui
lilas (adj)	연보라색의	yeon-bo-ra-sae-gui
framboise (adj)	진홍색의	jin-hong-sae-gui
clair (adj)	밝은	bal-geun
foncé (adj)	짙은	ji-teun
vif (adj)	선명한	seon-myeong-han
de couleur (adj)	색의	sae-gui
en couleurs (adj)	컬러의	keol-leo-ui
noir et blanc (adj)	흑백의	heuk-bae-gui
unicolore (adj)	단색의	dan-sae-gui
multicolore (adj)	다색의	da-sae-gui

11. Les unités de mesure

poids (m)	무게	mu-ge
longueur (f)	길이	gi-ri

largeur (f)	폭, 너비	pok, neo-bi
hauteur (f)	높이	no-pi
profondeur (f)	깊이	gi-pi
volume (m)	부피	bu-pi
aire (f)	면적	myeon-jeok
gramme (m)	그램	geu-raem
milligramme (m)	밀리그램	mil-li-geu-raem
kilogramme (m)	킬로그램	kil-lo-geu-raem
tonne (f)	톤	ton
livre (f)	파운드	pa-un-deu
once (f)	온스	on-seu
mètre (m)	미터	mi-teo
millimètre (m)	밀리미터	mil-li-mi-teo
centimètre (m)	센티미터	sen-ti-mi-teo
kilomètre (m)	킬로미터	kil-lo-mi-teo
mille (m)	마일	ma-il
pouce (m)	인치	in-chi
pied (m)	피트	pi-teu
yard (m)	야드	ya-deu
mètre (m) carré	제곱미터	je-gom-mi-teo
hectare (m)	헥타르	hek-ta-reu
litre (m)	리터	ri-teo
degré (m)	도	do
volt (m)	볼트	bol-teu
ampère (m)	암페어	am-pe-eo
cheval-vapeur (m)	마력	ma-ryeok
quantité (f)	수량, 양	su-ryang, yang
un peu de ...	... 조금	... jo-geum
moitié (f)	절반	jeol-ban
douzaine (f)	다스	da-seu
pièce (f)	조각	jo-gak
dimension (f)	크기	keu-gi
échelle (f) (de la carte)	축척	chuk-cheok
minimal (adj)	최소의	choe-so-ui
le plus petit (adj)	가장 작은	ga-jang ja-geun
moyen (adj)	중간의	jung-gan-ui
maximal (adj)	최대의	choe-dae-ui
le plus grand (adj)	가장 큰	ga-jang keun

12. Les récipients

bocal (m) en verre	유리병	yu-ri-byeong
boîte, canette (f)	캔, 깡통	kaen, kkang-tong
seau (m)	양동이	yang-dong-i
tonneau (m)	통	tong
bassine, cuvette (f)	대야	dae-ya

cuve (f)	탱크	taeng-keu
flasque (f)	휴대용 술병	hyu-dae-yong sul-byeong
jerrican (m)	통	tong
citerne (f)	탱크	taeng-keu
tasse (f), mug (m)	머그컵	meo-geu-keop
tasse (f)	컵	keop
soucoupe (f)	받침 접시	bat-chim jeop-si
verre (m) (~ d'eau)	유리잔	yu-ri-jan
verre (m) à vin	와인글라스	wa-in-geul-la-seu
faitout (m)	냄비	naem-bi
bouteille (f)	병	byeong
goulot (m)	병목	byeong-mok
carafe (f)	디캔터	di-kaen-teo
pichet (m)	물병	mul-byeong
récipient (m)	용기	yong-gi
pot (m)	항아리	hang-a-ri
vase (m)	화병	hwa-byeong
flacon (m)	향수병	hyang-su-byeong
fiole (f)	약병	yak-byeong
tube (m)	튜브	tyu-beu
sac (m) (grand ~)	자루	ja-ru
sac (m) (~ en plastique)	봉투	bong-tu
paquet (m) (~ de cigarettes)	갑	gap
boîte (f)	박스	bak-seu
caisse (f)	상자	sang-ja
panier (m)	바구니	ba-gu-ni

LES VERBES LES PLUS IMPORTANTS

13. Les verbes les plus importants. Partie 1

aider (vt)	도와주다	do-wa-ju-da
aimer (qn)	사랑하다	sa-rang-ha-da
aller (à pied)	가다	ga-da
apercevoir (vt)	알아차리다	a-ra-cha-ri-da
appartenir à ...	··· 에 속하다	... e sok-a-da
appeler (au secours)	부르다, 요청하다	bu-reu-da, yo-cheong-ha-da
attendre (vt)	기다리다	gi-da-ri-da
attraper (vt)	잡다	jap-da
avertir (vt)	경고하다	gyeong-go-ha-da
avoir (vt)	가지다	ga-ji-da
avoir confiance	신뢰하다	sil-loe-ha-da
avoir faim	배가 고프다	bae-ga go-peu-da
avoir peur	무서워하다	mu-seo-wo-ha-da
avoir soif	목마르다	mong-ma-reu-da
cacher (vt)	숨기다	sum-gi-da
casser (briser)	깨뜨리다	kkae-tteu-ri-da
cesser (vt)	그만두다	geu-man-du-da
changer (vt)	바꾸다	ba-kku-da
chasser (animaux)	사냥하다	sa-nyang-ha-da
chercher (vt)	··· 를 찾다	... reul chat-da
choisir (vt)	선택하다	seon-taek-a-da
commander (~ le menu)	주문하다	ju-mun-ha-da
commencer (vt)	시작하다	si-jak-a-da
comparer (vt)	비교하다	bi-gyo-ha-da
comprendre (vt)	이해하다	i-hae-ha-da
compter (dénombrer)	세다	se-da
compter sur ...	··· 에 의지하다	... e ui-ji-ha-da
confondre (vt)	혼동하다	hon-dong-ha-da
connaître (qn)	알다	al-da
conseiller (vt)	조언하다	jo-eon-ha-da
continuer (vt)	계속하다	gye-sok-a-da
contrôler (vt)	제어하다	je-eo-ha-da
courir (vi)	달리다	dal-li-da
coûter (vt)	값이 ··· 이다	gap-si ... i-da
créer (vt)	창조하다	chang-jo-ha-da
creuser (vt)	파다	pa-da
crier (vi)	소리치다	so-ri-chi-da

14. Les verbes les plus importants. Partie 2

décorer (~ la maison)	장식하다	jang-sik-a-da
défendre (vt)	방어하다	bang-eo-ha-da
déjeuner (vi)	점심을 먹다	jeom-si-meul meok-da
demander (~ l'heure)	묻다	mut-da
demander (de faire qch)	부탁하다	bu-tak-a-da
descendre (vi)	내려오다	nae-ryeo-o-da
deviner (vt)	추측하다	chu-cheuk-a-da
dîner (vi)	저녁을 먹다	jeo-nyeo-geul meok-da
dire (vt)	말하다	mal-ha-da
diriger (~ une usine)	운영하다	u-nyeong-ha-da
discuter (vt)	의논하다	ui-non-ha-da
donner (vt)	주다	ju-da
donner un indice	힌트를 주다	hin-teu-reul ju-da
douter (vt)	의심하다	ui-sim-ha-da
écrire (vt)	쓰다	sseu-da
entendre (bruit, etc.)	듣다	deut-da
entrer (vi)	들어가다	deu-reo-ga-da
envoyer (vt)	보내다	bo-nae-da
espérer (vi)	희망하다	hui-mang-ha-da
essayer (vt)	해보다	hae-bo-da
être d'accord	동의하다	dong-ui-ha-da
être nécessaire	필요하다	pi-ryo-ha-da
être pressé	서두르다	seo-du-reu-da
étudier (vt)	공부하다	gong-bu-ha-da
exiger (vt)	요구하다	yo-gu-ha-da
exister (vi)	존재하다	jon-jae-ha-da
expliquer (vt)	설명하다	seol-myeong-ha-da
faire (vt)	하다	ha-da
faire tomber	떨어뜨리다	tteo-reo-tteu-ri-da
finir (vt)	끝내다	kkeun-nae-da
garder (conserver)	보관하다	bo-gwan-ha-da
gronder, réprimander (vt)	꾸짖다	kku-jit-da
informer (vt)	알리다	al-li-da
insister (vi)	주장하다	ju-jang-ha-da
insulter (vt)	모욕하다	mo-yok-a-da
inviter (vt)	초대하다	cho-dae-ha-da
jouer (s'amuser)	놀다	nol-da

15. Les verbes les plus importants. Partie 3

libérer (ville, etc.)	해방하다	hae-bang-ha-da
lire (vi, vt)	읽다	ik-da
louer (prendre en location)	임대하다	im-dae-ha-da
manquer (l'école)	결석하다	gyeol-seok-a-da

menacer (vt)	협박하다	hyeop-bak-a-da
mentionner (vt)	언급하다	eon-geu-pa-da
montrer (vt)	보여주다	bo-yeo-ju-da
nager (vi)	수영하다	su-yeong-ha-da
objecter (vt)	반대하다	ban-dae-ha-da
observer (vt)	지켜보다	ji-kyeo-bo-da
ordonner (mil.)	명령하다	myeong-nyeong-ha-da
oublier (vt)	잊다	it-da
ouvrir (vt)	열다	yeol-da
pardonner (vt)	용서하다	yong-seo-ha-da
parler (vi, vt)	말하다	mal-ha-da
participer à ...	참가하다	cham-ga-ha-da
payer (régler)	지불하다	ji-bul-ha-da
penser (vi, vt)	생각하다	saeng-gak-a-da
permettre (vt)	허가하다	heo-ga-ha-da
plaire (être apprécié)	좋아하다	jo-a-ha-da
plaisanter (vi)	농담하다	nong-dam-ha-da
planifier (vt)	계획하다	gye-hoek-a-da
pleurer (vi)	울다	ul-da
posséder (vt)	소유하다	so-yu-ha-da
pouvoir (v aux)	할 수 있다	hal su it-da
préférer (vt)	선호하다	seon-ho-ha-da
prendre (vt)	잡다	jap-da
prendre en note	적다	jeok-da
prendre le petit déjeuner	아침을 먹다	a-chi-meul meok-da
préparer (le dîner)	요리하다	yo-ri-ha-da
prévoir (vt)	예상하다	ye-sang-ha-da
prier (~ Dieu)	기도하다	gi-do-ha-da
promettre (vt)	약속하다	yak-sok-a-da
prononcer (vt)	발음하다	ba-reum-ha-da
proposer (vt)	제안하다	je-an-ha-da
punir (vt)	처벌하다	cheo-beol-ha-da

16. Les verbes les plus importants. Partie 4

recommander (vt)	추천하다	chu-cheon-ha-da
regretter (vt)	후회하다	hu-hoe-ha-da
répéter (dire encore)	반복하다	ban-bok-a-da
répondre (vi, vt)	대답하다	dae-da-pa-da
réserver (une chambre)	예약하다	ye-yak-a-da
rester silencieux	침묵을 지키다	chim-mu-geul ji-ki-da
réunir (regrouper)	연합하다	yeon-ha-pa-da
rire (vi)	웃다	ut-da
s'arrêter (vp)	정지하다	jeong-ji-ha-da
s'asseoir (vp)	앉다	an-da
sauver (la vie à qn)	구조하다	gu-jo-ha-da
savoir (qch)	알다	al-da

se baigner (vp)	수영하다	su-yeong-ha-da
se plaindre (vp)	불평하다	bul-pyeong-ha-da
se refuser (vp)	거절하다	geo-jeol-ha-da

se tromper (vp)	실수하다	sil-su-ha-da
se vanter (vp)	자랑하다	ja-rang-ha-da
s'étonner (vp)	놀라다	nol-la-da
s'excuser (vp)	사과하다	sa-gwa-ha-da
signer (vt)	서명하다	seo-myeong-ha-da

signifier (vt)	의미하다	ui-mi-ha-da
s'intéresser (vp)	… 에 관심을 가지다	… e gwan-si-meul ga-ji-da
sortir (aller dehors)	나가다	na-ga-da
sourire (vi)	미소를 짓다	mi-so-reul jit-da
sous-estimer (vt)	과소평가하다	gwa-so-pyeong-ga-ha-da

suivre … (suivez-moi)	… 를 따라가다	… reul tta-ra-ga-da
tirer (vi)	쏘다	sso-da
tomber (vi)	떨어지다	tteo-reo-ji-da
toucher (avec les mains)	닿다	da-ta
tourner (~ à gauche)	돌다	dol-da

traduire (vt)	번역하다	beo-nyeok-a-da
travailler (vi)	일하다	il-ha-da
tromper (vt)	속이다	so-gi-da
trouver (vt)	찾다	chat-da
tuer (vt)	죽이다	ju-gi-da
vendre (vt)	팔다	pal-da

venir (vi)	도착하다	do-chak-a-da
voir (vt)	보다	bo-da
voler (avion, oiseau)	날다	nal-da
voler (qch à qn)	훔치다	hum-chi-da
vouloir (vt)	원하다	won-ha-da

LA NOTION DE TEMPS. LE CALENDRIER

17. Les jours de la semaine

lundi (m)	월요일	wo-ryo-il
mardi (m)	화요일	hwa-yo-il
mercredi (m)	수요일	su-yo-il
jeudi (m)	목요일	mo-gyo-il
vendredi (m)	금요일	geu-myo-il
samedi (m)	토요일	to-yo-il
dimanche (m)	일요일	i-ryo-il
aujourd'hui (adv)	오늘	o-neul
demain (adv)	내일	nae-il
après-demain (adv)	모레	mo-re
hier (adv)	어제	eo-je
avant-hier (adv)	그저께	geu-jeo-kke
jour (m)	낮	nat
jour (m) ouvrable	근무일	geun-mu-il
jour (m) férié	공휴일	gong-hyu-il
jour (m) de repos	휴일	hyu-il
week-end (m)	주말	ju-mal
toute la journée	하루종일	ha-ru-jong-il
le lendemain	다음날	da-eum-nal
il y a 2 jours	이틀 전	i-teul jeon
la veille	전날	jeon-nal
quotidien (adj)	일간의	il-ga-nui
tous les jours	매일	mae-il
semaine (f)	주	ju
la semaine dernière	지난 주에	ji-nan ju-e
la semaine prochaine	다음 주에	da-eum ju-e
hebdomadaire (adj)	주간의	ju-ga-nui
chaque semaine	매주	mae-ju
2 fois par semaine	일주일에 두번	il-ju-i-re du-beon
tous les mardis	매주 화요일	mae-ju hwa-yo-il

18. Les heures. Le jour et la nuit

matin (m)	아침	a-chim
le matin	아침에	a-chim-e
midi (m)	정오	jeong-o
dans l'après-midi	오후에	o-hu-e
soir (m)	저녁	jeo-nyeok
le soir	저녁에	jeo-nyeo-ge

nuit (f)	밤	bam
la nuit	밤에	bam-e
minuit (f)	자정	ja-jeong
seconde (f)	초	cho
minute (f)	분	bun
heure (f)	시	si
demi-heure (f)	반시간	ban-si-gan
un quart d'heure	십오분	si-bo-bun
quinze minutes	십오분	si-bo-bun
vingt-quatre heures	이십사시간	i-sip-sa-si-gan
lever (m) du soleil	일출	il-chul
aube (f)	새벽	sae-byeok
point (m) du jour	이른 아침	i-reun a-chim
coucher (m) du soleil	저녁 노을	jeo-nyeok no-eul
tôt le matin	이른 아침에	i-reun a-chim-e
ce matin	오늘 아침에	o-neul ra-chim-e
demain matin	내일 아침에	nae-il ra-chim-e
cet après-midi	오늘 오후에	o-neul ro-hu-e
dans l'après-midi	오후에	o-hu-e
demain après-midi	내일 오후에	nae-il ro-hu-e
ce soir	오늘 저녁에	o-neul jeo-nyeo-ge
demain soir	내일 밤에	nae-il bam-e
à 3 heures précises	3시 정각에	se-si jeong-ga-ge
autour de 4 heures	4시쯤에	ne-si-jjeu-me
vers midi	12시까지	yeoldu si-kka-ji
dans 20 minutes	20분 안에	isib-bun na-ne
dans une heure	한 시간 안에	han si-gan na-ne
à temps	제시간에	je-si-gan-e
... moins le quart	… 십오 분	… si-bo bun
en une heure	한 시간 내에	han si-gan nae-e
tous les quarts d'heure	15분 마다	sibo-bun ma-da
24 heures sur 24	하루종일	ha-ru-jong-il

19. Les mois. Les saisons

janvier (m)	일월	i-rwol
février (m)	이월	i-wol
mars (m)	삼월	sam-wol
avril (m)	사월	sa-wol
mai (m)	오월	o-wol
juin (m)	유월	yu-wol
juillet (m)	칠월	chi-rwol
août (m)	팔월	pa-rwol
septembre (m)	구월	gu-wol
octobre (m)	시월	si-wol

| novembre (m) | 십일월 | si-bi-rwol |
| décembre (m) | 십이월 | si-bi-wol |

printemps (m)	봄	bom
au printemps	봄에	bom-e
de printemps (adj)	봄의	bom-ui

été (m)	여름	yeo-reum
en été	여름에	yeo-reum-e
d'été (adj)	여름의	yeo-reu-mui

automne (m)	가을	ga-eul
en automne	가을에	ga-eu-re
d'automne (adj)	가을의	ga-eu-rui

hiver (m)	겨울	gyeo-ul
en hiver	겨울에	gyeo-u-re
d'hiver (adj)	겨울의	gyeo-ul

mois (m)	월, 달	wol, dal
ce mois	이번 달에	i-beon da-re
le mois prochain	다음 달에	da-eum da-re
le mois dernier	지난 달에	ji-nan da-re

il y a un mois	한달 전에	han-dal jeon-e
dans un mois	한 달 안에	han dal ra-ne
dans 2 mois	두 달 안에	du dal ra-ne
tout le mois	한 달 내내	han dal lae-nae
tout un mois	한달간 내내	han-dal-gan nae-nae

mensuel (adj)	월간의	wol-ga-nui
mensuellement	매월, 매달	mae-wol, mae-dal
chaque mois	매달	mae-dal
2 fois par mois	한 달에 두 번	han da-re du beon

année (f)	년	nyeon
cette année	올해	ol-hae
l'année prochaine	내년	nae-nyeon
l'année dernière	작년	jang-nyeon

il y a un an	일년 전	il-lyeon jeon
dans un an	일 년 안에	il lyeon na-ne
dans 2 ans	이 년 안에	i nyeon na-ne
toute l'année	한 해 전체	han hae jeon-che
toute une année	일년 내내	il-lyeon nae-nae

chaque année	매년	mae-nyeon
annuel (adj)	연간의	yeon-ga-nui
annuellement	매년	mae-nyeon
4 fois par an	일년에 네 번	il-lyeon-e ne beon

date (f) (jour du mois)	날짜	nal-jja
date (f) (~ mémorable)	월일	wo-ril
calendrier (m)	달력	dal-lyeok
six mois	반년	ban-nyeon
semestre (m)	육개월	yuk-gae-wol

| saison (f) | 계절 | gye-jeol |
| siècle (m) | 세기 | se-gi |

LES VOYAGES. L'HÔTEL

20. Les voyages. Les excursions

tourisme (m)	관광	gwan-gwang
touriste (m)	관광객	gwan-gwang-gaek
voyage (m) (à l'étranger)	여행	yeo-haeng
aventure (f)	모험	mo-heom
voyage (m)	여행	yeo-haeng
vacances (f pl)	휴가	hyu-ga
être en vacances	휴가 중이다	hyu-ga jung-i-da
repos (m) (jours de ~)	휴양	hyu-yang
train (m)	기차	gi-cha
en train	기차로	gi-cha-ro
avion (m)	비행기	bi-haeng-gi
en avion	비행기로	bi-haeng-gi-ro
en voiture	자동차로	ja-dong-cha-ro
en bateau	배로	bae-ro
bagage (m)	짐, 수하물	jim, su-ha-mul
malle (f)	여행 가방	yeo-haeng ga-bang
chariot (m)	수하물 카트	su-ha-mul ka-teu
passeport (m)	여권	yeo-gwon
visa (m)	비자	bi-ja
ticket (m)	표	pyo
billet (m) d'avion	비행기표	bi-haeng-gi-pyo
guide (m) (livre)	여행 안내서	yeo-haeng an-nae-seo
carte (f)	지도	ji-do
région (f) (~ rurale)	지역	ji-yeok
endroit (m)	곳	got
exotisme (m)	이국	i-guk
exotique (adj)	이국적인	i-guk-jeo-gin
étonnant (adj)	놀라운	nol-la-un
groupe (m)	무리	mu-ri
excursion (f)	견학, 관광	gyeon-hak, gwan-gwang
guide (m) (personne)	가이드	ga-i-deu

21. L'hôtel

hôtel (m), auberge (f)	호텔	ho-tel
motel (m)	모텔	mo-tel
3 étoiles	3성급	sam-seong-geub

5 étoiles	5성급	o-seong-geub
descendre (à l'hôtel)	머무르다	meo-mu-reu-da
chambre (f)	객실	gaek-sil
chambre (f) simple	일인실	i-rin-sil
chambre (f) double	더블룸	deo-beul-lum
réserver une chambre	방을 예약하다	bang-eul rye-yak-a-da
demi-pension (f)	하숙	ha-suk
pension (f) complète	식사 제공	sik-sa je-gong
avec une salle de bain	욕조가 있는	yok-jo-ga in-neun
avec une douche	샤워가 있는	sya-wo-ga in-neun
télévision (f) par satellite	위성 텔레비전	wi-seong tel-le-bi-jeon
climatiseur (m)	에어컨	e-eo-keon
serviette (f)	수건	su-geon
clé (f)	열쇠	yeol-soe
administrateur (m)	관리자	gwal-li-ja
femme (f) de chambre	객실 청소부	gaek-sil cheong-so-bu
porteur (m)	포터	po-teo
portier (m)	도어맨	do-eo-maen
restaurant (m)	레스토랑	re-seu-to-rang
bar (m)	바	ba
petit déjeuner (m)	아침식사	a-chim-sik-sa
dîner (m)	저녁식사	jeo-nyeok-sik-sa
buffet (m)	뷔페	bwi-pe
hall (m)	로비	ro-bi
ascenseur (m)	엘리베이터	el-li-be-i-teo
PRIÈRE DE NE PAS DÉRANGER	방해하지 마세요	bang-hae-ha-ji ma-se-yo
DÉFENSE DE FUMER	금연	geu-myeon

22. Le tourisme

monument (m)	기념비	gi-nyeom-bi
forteresse (f)	요새	yo-sae
palais (m)	궁전	gung-jeon
château (m)	성	seong
tour (f)	탑	tap
mausolée (m)	영묘	yeong-myo
architecture (f)	건축	geon-chuk
médiéval (adj)	중세의	jung-se-ui
ancien (adj)	고대의	go-dae-ui
national (adj)	국가의	guk-ga-ui
connu (adj)	유명한	yu-myeong-han
touriste (m)	관광객	gwan-gwang-gaek
guide (m) (personne)	가이드	ga-i-deu
excursion (f)	견학, 관광	gyeon-hak, gwan-gwang

montrer (vt)	보여주다	bo-yeo-ju-da
raconter (une histoire)	이야기하다	i-ya-gi-ha-da
trouver (vt)	찾다	chat-da
se perdre (vp)	길을 잃다	gi-reul ril-ta
plan (m) (du metro, etc.)	노선도	no-seon-do
carte (f) (de la ville, etc.)	지도	ji-do
souvenir (m)	기념품	gi-nyeom-pum
boutique (f) de souvenirs	기념품 가게	gi-nyeom-pum ga-ge
prendre en photo	사진을 찍다	sa-ji-neul jjik-da
se faire prendre en photo	사진을 찍다	sa-ji-neul jjik-da

LES TRANSPORTS

23. L'aéroport

aéroport (m)	공항	gong-hang
avion (m)	비행기	bi-haeng-gi
compagnie (f) aérienne	항공사	hang-gong-sa
contrôleur (m) aérien	관제사	gwan-je-sa
départ (m)	출발	chul-bal
arrivée (f)	도착	do-chak
arriver (par avion)	도착하다	do-chak-a-da
temps (m) de départ	출발시간	chul-bal-si-gan
temps (m) d'arrivée	도착시간	do-chak-si-gan
être retardé	연기되다	yeon-gi-doe-da
retard (m) de l'avion	항공기 지연	hang-gong-gi ji-yeon
tableau (m) d'informations	안내 전광판	an-nae jeon-gwang-pan
information (f)	정보	jeong-bo
annoncer (vt)	알리다	al-li-da
vol (m)	비행편	bi-haeng-pyeon
douane (f)	세관	se-gwan
douanier (m)	세관원	se-gwan-won
déclaration (f) de douane	세관신고서	se-gwan-sin-go-seo
remplir la déclaration	세관 신고서를 작성하다	se-gwan sin-go-seo-reul jak-seong-ha-da
contrôle (m) de passeport	여권 검사	yeo-gwon geom-sa
bagage (m)	짐, 수하물	jim, su-ha-mul
bagage (m) à main	휴대 가능 수하물	hyu-dae ga-neung su-ha-mul
chariot (m)	수하물 카트	su-ha-mul ka-teu
atterrissage (m)	착륙	chang-nyuk
piste (f) d'atterrissage	활주로	hwal-ju-ro
atterrir (vi)	착륙하다	chang-nyuk-a-da
escalier (m) d'avion	승강계단	seung-gang-gye-dan
enregistrement (m)	체크인	che-keu-in
comptoir (m) d'enregistrement	체크인 카운터	che-keu-in ka-un-teo
s'enregistrer (vp)	체크인하다	che-keu-in-ha-da
carte (f) d'embarquement	탑승권	tap-seung-gwon
porte (f) d'embarquement	탑승구	tap-seung-gu
transit (m)	트랜싯, 환승	teu-raen-sit, hwan-seung
attendre (vt)	기다리다	gi-da-ri-da
salle (f) d'attente	공항 라운지	gong-hang na-un-ji

| raccompagner (à l'aéroport, etc.) | 배웅하다 | bae-ung-ha-da |
| dire au revoir | 작별인사를 하다 | jak-byeo-rin-sa-reul ha-da |

24. L'avion

avion (m)	비행기	bi-haeng-gi
billet (m) d'avion	비행기표	bi-haeng-gi-pyo
compagnie (f) aérienne	항공사	hang-gong-sa
aéroport (m)	공항	gong-hang
supersonique (adj)	초음속의	cho-eum-so-gui

pilote (m)	비행사	bi-haeng-sa
hôtesse (f) de l'air	승무원	seung-mu-won
navigateur (m)	항법사	hang-beop-sa

ailes (f pl)	날개	nal-gae
queue (f)	꼬리	kko-ri
cabine (f)	조종석	jo-jong-seok
moteur (m)	엔진	en-jin
train (m) d'atterrissage	착륙 장치	chang-nyuk jang-chi
turbine (f)	터빈	teo-bin

hélice (f)	추진기	chu-jin-gi
boîte (f) noire	블랙박스	beul-laek-bak-seu
gouvernail (m)	조종간	jo-jong-gan
carburant (m)	연료	yeol-lyo
consigne (f) de sécurité	안전 안내서	an-jeon an-nae-seo
masque (m) à oxygène	산소 마스크	san-so ma-seu-keu
uniforme (m)	제복	je-bok
gilet (m) de sauvetage	구명조끼	gu-myeong-jo-kki
parachute (m)	낙하산	nak-a-san

décollage (m)	이륙	i-ryuk
décoller (vi)	이륙하다	i-ryuk-a-da
piste (f) de décollage	활주로	hwal-ju-ro

visibilité (f)	시계	si-gye
vol (m) (~ d'oiseau)	비행	bi-haeng
altitude (f)	고도	go-do
trou (m) d'air	에어 포켓	e-eo po-ket

place (f)	자리	ja-ri
écouteurs (m pl)	헤드폰	he-deu-pon
tablette (f)	접는 테이블	jeom-neun te-i-beul
hublot (m)	창문	chang-mun
couloir (m)	통로	tong-no

25. Le train

| train (m) | 기차, 열차 | gi-cha, nyeol-cha |
| train (m) de banlieue | 통근 열차 | tong-geun nyeol-cha |

TGV (m)	급행 열차	geu-paeng yeol-cha
locomotive (f) diesel	디젤 기관차	di-jel gi-gwan-cha
locomotive (f) à vapeur	증기 기관차	jeung-gi gi-gwan-cha
wagon (m)	객차	gaek-cha
wagon-restaurant (m)	식당차	sik-dang-cha
rails (m pl)	레일	re-il
chemin (m) de fer	철도	cheol-do
traverse (f)	침목	chim-mok
quai (m)	플랫폼	peul-laet-pom
voie (f)	길	gil
sémaphore (m)	신호기	sin-ho-gi
station (f)	역	yeok
conducteur (m) de train	기관사	gi-gwan-sa
porteur (m)	포터	po-teo
steward (m)	차장	cha-jang
passager (m)	승객	seung-gaek
contrôleur (m) de billets	검표원	geom-pyo-won
couloir (m)	통로	tong-no
frein (m) d'urgence	비상 브레이크	bi-sang beu-re-i-keu
compartiment (m)	침대차	chim-dae-cha
couchette (f)	침대	chim-dae
couchette (f) d'en haut	윗침대	wit-chim-dae
couchette (f) d'en bas	아래 침대	a-rae chim-dae
linge (m) de lit	침구	chim-gu
ticket (m)	표	pyo
horaire (m)	시간표	si-gan-pyo
tableau (m) d'informations	안내 전광판	an-nae jeon-gwang-pan
partir (vi)	떠난다	tteo-na-da
départ (m) (du train)	출발	chul-bal
arriver (le train)	도착하다	do-chak-a-da
arrivée (f)	도착	do-chak
arriver en train	기차로 도착하다	gi-cha-ro do-chak-a-da
prendre le train	기차에 타다	gi-cha-e ta-da
descendre du train	기차에서 내리다	gi-cha-e-seo nae-ri-da
accident (m) ferroviaire	기차 사고	gi-cha sa-go
locomotive (f) à vapeur	증기 기관차	jeung-gi gi-gwan-cha
chauffeur (m)	화부	hwa-bu
chauffe (f)	화실	hwa-sil
charbon (m)	석탄	seok-tan

26. Le bateau

| bateau (m) | 배 | bae |
| navire (m) | 배 | bae |

bateau (m) à vapeur	증기선	jeung-gi-seon
paquebot (m)	강배	gang-bae
bateau (m) de croisière	크루즈선	keu-ru-jeu-seon
croiseur (m)	순양함	su-nyang-ham
yacht (m)	요트	yo-teu
remorqueur (m)	예인선	ye-in-seon
voilier (m)	범선	beom-seon
brigantin (m)	쌍돛대 범선	ssang-dot-dae beom-seon
brise-glace (m)	쇄빙선	swae-bing-seon
sous-marin (m)	잠수함	jam-su-ham
canot (m) à rames	보트	bo-teu
dinghy (m)	종선	jong-seon
canot (m) de sauvetage	구조선	gu-jo-seon
canot (m) à moteur	모터보트	mo-teo-bo-teu
capitaine (m)	선장	seon-jang
matelot (m)	수부	su-bu
marin (m)	선원	seon-won
équipage (m)	승무원	seung-mu-won
maître (m) d'équipage	갑판장	gap-pan-jang
cuisinier (m) du bord	요리사	yo-ri-sa
médecin (m) de bord	선의	seon-ui
pont (m)	갑판	gap-pan
mât (m)	돛대	dot-dae
voile (f)	돛	dot
cale (f)	화물칸	hwa-mul-kan
proue (f)	이물	i-mul
poupe (f)	고물	go-mul
rame (f)	노	no
hélice (f)	스크루	seu-keu-ru
cabine (f)	선실	seon-sil
carré (m) des officiers	사관실	sa-gwan-sil
salle (f) des machines	엔진실	en-jin-sil
cabine (f) de T.S.F.	무전실	mu-jeon-sil
onde (f)	전파	jeon-pa
longue-vue (f)	망원경	mang-won-gyeong
cloche (f)	종	jong
pavillon (m)	기	gi
grosse corde (f) tressée	밧줄	bat-jul
nœud (m) marin	매듭	mae-deup
rampe (f)	난간	nan-gan
passerelle (f)	사다리	sa-da-ri
ancre (f)	닻	dat
lever l'ancre	닻을 올리다	da-cheul rol-li-da

jeter l'ancre	닻을 내리다	da-cheul lae-ri-da
chaîne (f) d'ancrage	닻줄	dat-jul
port (m)	항구	hang-gu
embarcadère (m)	부두	bu-du
accoster (vi)	정박시키다	jeong-bak-si-ki-da
larguer les amarres	출항하다	chul-hang-ha-da
voyage (m) (à l'étranger)	여행	yeo-haeng
croisière (f)	크루즈	keu-ru-jeu
cap (m) (suivre un ~)	항로	hang-no
itinéraire (m)	노선	no-seon
chenal (m)	항로	hang-no
bas-fond (m)	얕은 곳	ya-teun got
échouer sur un bas-fond	좌초하다	jwa-cho-ha-da
tempête (f)	폭풍우	pok-pung-u
signal (m)	신호	sin-ho
sombrer (vi)	가라앉다	ga-ra-an-da
SOS (m)	조난 신호	jo-nan sin-ho
bouée (f) de sauvetage	구명부환	gu-myeong-bu-hwan

LA VILLE

27. Les transports en commun

autobus (m)	버스	beo-seu
tramway (m)	전차	jeon-cha
trolleybus (m)	트롤리 버스	teu-rol-li beo-seu
itinéraire (m)	노선	no-seon
numéro (m)	번호	beon-ho
prendre ...	··· 타고 가다	... ta-go ga-da
monter (dans l'autobus)	타다	ta-da
descendre de ...	··· 에서 내리다	... e-seo nae-ri-da
arrêt (m)	정류장	jeong-nyu-jang
arrêt (m) prochain	다음 정류장	da-eum jeong-nyu-jang
terminus (m)	종점	jong-jeom
horaire (m)	시간표	si-gan-pyo
attendre (vt)	기다리다	gi-da-ri-da
ticket (m)	표	pyo
prix (m) du ticket	요금	yo-geum
caissier (m)	계산원	gye-san-won
contrôle (m) des tickets	검표	geom-pyo
contrôleur (m)	검표원	geom-pyo-won
être en retard	··· 시간에 늦다	... si-gan-e neut-da
rater (~ le train)	놓치다	no-chi-da
se dépêcher	서두르다	seo-du-reu-da
taxi (m)	택시	taek-si
chauffeur (m) de taxi	택시 운전 기사	taek-si un-jeon gi-sa
en taxi	택시로	taek-si-ro
arrêt (m) de taxi	택시 정류장	taek-si jeong-nyu-jang
appeler un taxi	택시를 부르다	taek-si-reul bu-reu-da
prendre un taxi	택시를 타다	taek-si-reul ta-da
trafic (m)	교통	gyo-tong
embouteillage (m)	교통 체증	gyo-tong che-jeung
heures (f pl) de pointe	러시 아워	reo-si a-wo
se garer (vp)	주차하다	ju-cha-ha-da
garer (vt)	주차하다	ju-cha-ha-da
parking (m)	주차장	ju-cha-jang
métro (m)	지하철	ji-ha-cheol
station (f)	역	yeok
prendre le métro	지하철을 타다	ji-ha-cheo-reul ta-da
train (m)	기차	gi-cha
gare (f)	기차역	gi-cha-yeok

28. La ville. La vie urbaine

ville (f)	도시	do-si
capitale (f)	수도	su-do
village (m)	마을	ma-eul
plan (m) de la ville	도시 지도	do-si ji-do
centre-ville (m)	시내	si-nae
banlieue (f)	근교	geun-gyo
de banlieue (adj)	근교의	geun-gyo-ui
alentours (m pl)	주변	ju-byeon
quartier (m)	한 구획	han gu-hoek
quartier (m) résidentiel	동	dong
trafic (m)	교통	gyo-tong
feux (m pl) de circulation	신호등	sin-ho-deung
transport (m) urbain	대중교통	dae-jung-gyo-tong
carrefour (m)	교차로	gyo-cha-ro
passage (m) piéton	횡단 보도	hoeng-dan bo-do
passage (m) souterrain	지하 보도	ji-ha bo-do
traverser (vt)	건너가다	geon-neo-ga-da
piéton (m)	보행자	bo-haeng-ja
trottoir (m)	인도	in-do
pont (m)	다리	da-ri
quai (m)	강변로	gang-byeon-no
allée (f)	길	gil
parc (m)	공원	gong-won
boulevard (m)	대로	dae-ro
place (f)	광장	gwang-jang
avenue (f)	가로	ga-ro
rue (f)	거리	geo-ri
ruelle (f)	골목	gol-mok
impasse (f)	막다른길	mak-da-reun-gil
maison (f)	집	jip
édifice (m)	빌딩	bil-ding
gratte-ciel (m)	고층 건물	go-cheung geon-mul
façade (f)	전면	jeon-myeon
toit (m)	지붕	ji-bung
fenêtre (f)	창문	chang-mun
arc (m)	아치	a-chi
colonne (f)	기둥	gi-dung
coin (m)	모퉁이	mo-tung-i
vitrine (f)	쇼윈도우	syo-win-do-u
enseigne (f)	간판	gan-pan
affiche (f)	포스터	po-seu-teo
affiche (f) publicitaire	광고 포스터	gwang-go po-seu-teo
panneau-réclame (m)	광고판	gwang-go-pan
ordures (f pl)	쓰레기	sseu-re-gi

poubelle (f)	쓰레기통	sseu-re-gi-tong
décharge (f)	쓰레기장	sseu-re-gi-jang
cabine (f) téléphonique	공중 전화	gong-jung jeon-hwa
réverbère (m)	가로등	ga-ro-deung
banc (m)	벤치	ben-chi
policier (m)	경찰관	gyeong-chal-gwan
police (f)	경찰	gyeong-chal
clochard (m)	거지	geo-ji
sans-abri (m)	노숙자	no-suk-ja

29. Les institutions urbaines

magasin (m)	가게, 상점	ga-ge, sang-jeom
pharmacie (f)	약국	yak-guk
opticien (m)	안경 가게	an-gyeong ga-ge
centre (m) commercial	쇼핑몰	syo-ping-mol
supermarché (m)	슈퍼마켓	syu-peo-ma-ket
boulangerie (f)	빵집	ppang-jip
boulanger (m)	제빵사	je-ppang-sa
pâtisserie (f)	제과점	je-gwa-jeom
épicerie (f)	식료품점	sing-nyo-pum-jeom
boucherie (f)	정육점	jeong-yuk-jeom
magasin (m) de légumes	야채 가게	ya-chae ga-ge
marché (m)	시장	si-jang
salon (m) de café	커피숍	keo-pi-syop
restaurant (m)	레스토랑	re-seu-to-rang
brasserie (f)	바	ba
pizzeria (f)	피자 가게	pi-ja ga-ge
salon (m) de coiffure	미장원	mi-jang-won
poste (f)	우체국	u-che-guk
pressing (m)	드라이 클리닝	deu-ra-i keul-li-ning
atelier (m) de photo	사진관	sa-jin-gwan
magasin (m) de chaussures	신발 가게	sin-bal ga-ge
librairie (f)	서점	seo-jeom
magasin (m) d'articles de sport	스포츠용품 매장	seu-po-cheu-yong-pum mae-jang
atelier (m) de retouche	옷 수선 가게	ot su-seon ga-ge
location (f) de vêtements	의류 임대	ui-ryu im-dae
location (f) de films	비디오 대여	bi-di-o dae-yeo
cirque (m)	서커스	seo-keo-seu
zoo (m)	동물원	dong-mu-rwon
cinéma (m)	영화관	yeong-hwa-gwan
musée (m)	박물관	bang-mul-gwan
bibliothèque (f)	도서관	do-seo-gwan
théâtre (m)	극장	geuk-jang

opéra (m)	오페라극장	o-pe-ra-geuk-jang
boîte (f) de nuit	나이트 클럽	na-i-teu keul-leop
casino (m)	카지노	ka-ji-no
mosquée (f)	모스크	mo-seu-keu
synagogue (f)	유대교 회당	yu-dae-gyo hoe-dang
cathédrale (f)	대성당	dae-seong-dang
temple (m)	사원, 신전	sa-won, sin-jeon
église (f)	교회	gyo-hoe
institut (m)	단과대학	dan-gwa-dae-hak
université (f)	대학교	dae-hak-gyo
école (f)	학교	hak-gyo
préfecture (f)	도, 현	do, hyeon
mairie (f)	시청	si-cheong
hôtel (m)	호텔	ho-tel
banque (f)	은행	eun-haeng
ambassade (f)	대사관	dae-sa-gwan
agence (f) de voyages	여행사	yeo-haeng-sa
bureau (m) d'information	안내소	an-nae-so
bureau (m) de change	환전소	hwan-jeon-so
métro (m)	지하철	ji-ha-cheol
hôpital (m)	병원	byeong-won
station-service (f)	주유소	ju-yu-so
parking (m)	주차장	ju-cha-jang

30. Les enseignes. Les panneaux

enseigne (f)	간판	gan-pan
pancarte (f)	안내문	an-nae-mun
poster (m)	포스터	po-seu-teo
indicateur (m) de direction	방향표시	bang-hyang-pyo-si
flèche (f)	화살표	hwa-sal-pyo
avertissement (m)	경고	gyeong-go
panneau d'avertissement	경고판	gyeong-go-pan
avertir (vt)	경고하다	gyeong-go-ha-da
jour (m) de repos	휴일	hyu-il
horaire (m)	시간표	si-gan-pyo
heures (f pl) d'ouverture	영업 시간	yeong-eop si-gan
BIENVENUE!	어서 오세요!	eo-seo o-se-yo!
ENTRÉE	입구	ip-gu
SORTIE	출구	chul-gu
POUSSER	미세요	mi-se-yo
TIRER	당기세요	dang-gi-se-yo
OUVERT	열림	yeol-lim
FERMÉ	닫힘	da-chim

FEMMES	여성전용	yeo-seong-jeo-nyong
HOMMES	남성	nam-seong-jeo-nyong
RABAIS	할인	ha-rin
SOLDES	세일	se-il
NOUVEAU!	신상품	sin-sang-pum
GRATUIT	공짜	gong-jja
ATTENTION!	주의!	ju-ui!
COMPLET	빈 방 없음	bin bang eop-seum
RÉSERVÉ	예약석	ye-yak-seok
ADMINISTRATION	관리부	gwal-li-bu
RÉSERVÉ AU PERSONNEL	직원 전용	ji-gwon jeo-nyong
ATTENTION CHIEN MÉCHANT	개조심	gae-jo-sim
DÉFENSE DE FUMER	금연	geu-myeon
PRIÈRE DE NE PAS TOUCHER	손 대지 마시오!	son dae-ji ma-si-o!
DANGEREUX	위험	wi-heom
DANGER	위험	wi-heom
HAUTE TENSION	고전압	go-jeon-ap
BAIGNADE INTERDITE	수영 금지	su-yeong geum-ji
HORS SERVICE	수리중	su-ri-jung
INFLAMMABLE	가연성 물자	ga-yeon-seong mul-ja
INTERDIT	금지	geum-ji
PASSAGE INTERDIT	출입 금지	chu-rip geum-ji
PEINTURE FRAÎCHE	칠 주의	chil ju-ui

31. Le shopping

acheter (vt)	사다	sa-da
achat (m)	구매	gu-mae
faire des achats	쇼핑하다	syo-ping-ha-da
shopping (m)	쇼핑	syo-ping
être ouvert	열리다	yeol-li-da
être fermé	닫다	dat-da
chaussures (f pl)	신발	sin-bal
vêtement (m)	옷	ot
produits (m pl) de beauté	화장품	hwa-jang-pum
produits (m pl) alimentaires	식품	sik-pum
cadeau (m)	선물	seon-mul
vendeur (m)	판매원	pan-mae-won
vendeuse (f)	여판매원	yeo-pan-mae-won
caisse (f)	계산대	gye-san-dae
miroir (m)	거울	geo-ul
comptoir (m)	계산대	gye-san-dae

cabine (f) d'essayage	탈의실	ta-rui-sil
essayer (robe, etc.)	입어보다	i-beo-bo-da
aller bien (robe, etc.)	어울리다	eo-ul-li-da
plaire (être apprécié)	좋아하다	jo-a-ha-da

prix (m)	가격	ga-gyeok
étiquette (f) de prix	가격표	ga-gyeok-pyo
coûter (vt)	값이 … 이다	gap-si … i-da
Combien?	얼마?	eol-ma?
rabais (m)	할인	ha-rin

pas cher (adj)	비싸지 않은	bi-ssa-ji a-neun
bon marché (adj)	싼	ssan
cher (adj)	비싼	bi-ssan
C'est cher	비쌉니다	bi-ssam-ni-da

location (f)	임대	im-dae
louer (une voiture, etc.)	빌리다	bil-li-da
crédit (m)	신용	si-nyong
à crédit (adv)	신용으로	si-nyong-eu-ro

LES VÊTEMENTS & LES ACCESSOIRES

32. Les vêtements d'extérieur

vêtement (m)	옷	ot
survêtement (m)	겉옷	geo-tot
vêtement (m) d'hiver	겨울옷	gyeo-u-rot
manteau (m)	코트	ko-teu
manteau (m) de fourrure	모피 외투	mo-pi oe-tu
veste (f) de fourrure	짧은 모피 외투	jjal-beun mo-pi oe-tu
manteau (m) de duvet	패딩점퍼	pae-ding-jeom-peo
veste (f) (~ en cuir)	재킷	jae-kit
imperméable (m)	트렌치코트	teu-ren-chi-ko-teu
imperméable (adj)	방수의	bang-su-ui

33. Les vêtements

chemise (f)	셔츠	syeo-cheu
pantalon (m)	바지	ba-ji
jean (m)	청바지	cheong-ba-ji
veston (m)	재킷	jae-kit
complet (m)	양복	yang-bok
robe (f)	드레스	deu-re-seu
jupe (f)	치마	chi-ma
chemisette (f)	블라우스	beul-la-u-seu
veste (f) en laine	니트 재킷	ni-teu jae-kit
jaquette (f), blazer (m)	재킷	jae-kit
tee-shirt (m)	티셔츠	ti-syeo-cheu
short (m)	반바지	ban-ba-ji
costume (m) de sport	운동복	un-dong-bok
peignoir (m) de bain	목욕가운	mo-gyok-ga-un
pyjama (m)	파자마	pa-ja-ma
chandail (m)	스웨터	seu-we-teo
pull-over (m)	풀오버	pu-ro-beo
gilet (m)	조끼	jo-kki
queue-de-pie (f)	연미복	yeon-mi-bok
smoking (m)	턱시도	teok-si-do
uniforme (m)	제복	je-bok
tenue (f) de travail	작업복	ja-geop-bok
salopette (f)	작업바지	ja-geop-ba-ji
blouse (f) (d'un médecin)	가운	ga-un

34. Les sous-vêtements

sous-vêtements (m pl)	속옷	so-got
maillot (m) de corps	러닝 셔츠	reo-ning syeo-cheu
chaussettes (f pl)	양말	yang-mal
chemise (f) de nuit	잠옷	jam-ot
soutien-gorge (m)	브라	beu-ra
chaussettes (f pl) hautes	무릎길이 스타킹	mu-reup-gi-ri seu-ta-king
collants (m pl)	팬티 스타킹	paen-ti seu-ta-king
bas (m pl)	밴드 스타킹	baen-deu seu-ta-king
maillot (m) de bain	수영복	su-yeong-bok

35. Les chapeaux

chapeau (m)	모자	mo-ja
chapeau (m) feutre	중절모	jung-jeol-mo
casquette (f) de base-ball	야구 모자	ya-gu mo-ja
casquette (f)	플랫캡	peul-laet-kaep
béret (m)	베레모	be-re-mo
capuche (f)	후드	hu-deu
panama (m)	파나마 모자	pa-na-ma mo-ja
bonnet (m) de laine	니트 모자	ni-teu mo-ja
foulard (m)	스카프	seu-ka-peu
chapeau (m) de femme	여성용 모자	yeo-seong-yong mo-ja
casque (m) (d'ouvriers)	안전모	an-jeon-mo
calot (m)	개리슨 캡	gae-ri-seun kaep
casque (m) (~ de moto)	헬멧	hel-met

36. Les chaussures

chaussures (f pl)	신발	sin-bal
bottines (f pl)	구두	gu-du
souliers (m pl) (~ plats)	구두	gu-du
bottes (f pl)	부츠	bu-cheu
chaussons (m pl)	슬리퍼	seul-li-peo
tennis (m pl)	운동화	un-dong-hwa
baskets (f pl)	스니커즈	seu-ni-keo-jeu
sandales (f pl)	샌들	saen-deul
cordonnier (m)	구둣방	gu-dut-bang
talon (m)	굽	gup
paire (f)	켤레	kyeol-le
lacet (m)	끈	kkeun
lacer (vt)	끈을 매다	kkeu-neul mae-da

chausse-pied (m)	구둣주걱	gu-dut-ju-geok
cirage (m)	구두약	gu-du-yak

37. Les accessoires personnels

gants (m pl)	장갑	jang-gap
moufles (f pl)	벙어리장갑	beong-eo-ri-jang-gap
écharpe (f)	목도리	mok-do-ri
lunettes (f pl)	안경	an-gyeong
monture (f)	안경테	an-gyeong-te
parapluie (m)	우산	u-san
canne (f)	지팡이	ji-pang-i
brosse (f) à cheveux	빗, 솔빗	bit, sol-bit
éventail (m)	부채	bu-chae
cravate (f)	넥타이	nek-ta-i
nœud papillon (m)	나비넥타이	na-bi-nek-ta-i
bretelles (f pl)	멜빵	mel-ppang
mouchoir (m)	손수건	son-su-geon
peigne (m)	빗	bit
barrette (f)	머리핀	meo-ri-pin
épingle (f) à cheveux	머리핀	meo-ri-pin
boucle (f)	버클	beo-keul
ceinture (f)	벨트	bel-teu
bandoulière (f)	어깨끈	eo-kkae-kkeun
sac (m)	가방	ga-bang
sac (m) à main	핸드백	haen-deu-baek
sac (m) à dos	배낭	bae-nang

38. Les vêtements. Divers

mode (f)	패션	pae-syeon
à la mode (adj)	유행하는	yu-haeng-ha-neun
couturier, créateur de mode	패션 디자이너	pae-syeon di-ja-i-neo
col (m)	옷깃	ot-git
poche (f)	주머니, 포켓	ju-meo-ni, po-ket
de poche (adj)	주머니의	ju-meo-ni-ui
manche (f)	소매	so-mae
bride (f)	거는 끈	geo-neun kkeun
braguette (f)	바지 지퍼	ba-ji ji-peo
fermeture (f) à glissière	지퍼	ji-peo
agrafe (f)	조임쇠	jo-im-soe
bouton (m)	단추	dan-chu
boutonnière (f)	단춧 구멍	dan-chut gu-meong
s'arracher (bouton)	떨어지다	tteo-reo-ji-da
coudre (vi, vt)	바느질하다	ba-neu-jil-ha-da

broder (vt)	수놓다	su-no-ta
broderie (f)	자수	ja-su
aiguille (f)	바늘	ba-neul
fil (m)	실	sil
couture (f)	솔기	sol-gi

se salir (vp)	더러워지다	deo-reo-wo-ji-da
tache (f)	얼룩	eol-luk
se froisser (vp)	구겨지다	gu-gyeo-ji-da
déchirer (vt)	찢다	jjit-da
mite (f)	좀	jom

39. L'hygiène corporelle. Les cosmétiques

dentifrice (m)	치약	chi-yak
brosse (f) à dents	칫솔	chit-sol
se brosser les dents	이를 닦다	i-reul dak-da

rasoir (m)	면도기	myeon-do-gi
crème (f) à raser	면도용 크림	myeon-do-yong keu-rim
se raser (vp)	깎다	kkak-da

| savon (m) | 비누 | bi-nu |
| shampooing (m) | 샴푸 | syam-pu |

ciseaux (m pl)	가위	ga-wi
lime (f) à ongles	손톱줄	son-top-jul
pinces (f pl) à ongles	손톱깎이	son-top-kka-kki
pince (f) à épiler	족집게	jok-jip-ge

produits (m pl) de beauté	화장품	hwa-jang-pum
masque (m) de beauté	얼굴 마스크	eol-gul ma-seu-keu
manucure (f)	매니큐어	mae-ni-kyu-eo
se faire les ongles	매니큐어를 칠하다	mae-ni-kyu-eo-reul chil-ha-da
pédicurie (f)	페디큐어	pe-di-kyu-eo

trousse (f) de toilette	화장품 가방	hwa-jang-pum ga-bang
poudre (f)	분	bun
poudrier (m)	콤팩트	kom-paek-teu
fard (m) à joues	블러셔	beul-leo-syeo

parfum (m)	향수	hyang-su
eau (f) de toilette	화장수	hwa-jang-su
lotion (f)	로션	ro-syeon
eau de Cologne (f)	오드콜로뉴	o-deu-kol-lo-nyu

fard (m) à paupières	아이섀도	a-i-syae-do
crayon (m) à paupières	아이라이너	a-i-ra-i-neo
mascara (m)	마스카라	ma-seu-ka-ra

rouge (m) à lèvres	립스틱	rip-seu-tik
vernis (m) à ongles	매니큐어	mae-ni-kyu-eo
laque (f) pour les cheveux	헤어 스프레이	he-eo seu-peu-re-i
déodorant (m)	데오도란트	de-o-do-ran-teu

crème (f)	크림	keu-rim
crème (f) pour le visage	얼굴 크림	eol-gul keu-rim
crème (f) pour les mains	핸드 크림	haen-deu keu-rim
crème (f) anti-rides	주름제거 크림	ju-reum-je-geo keu-rim
de jour (adj)	낮의	na-jui
de nuit (adj)	밤의	ba-mui
tampon (m)	탐폰	tam-pon
papier (m) de toilette	화장지	hwa-jang-ji
sèche-cheveux (m)	헤어 드라이어	he-eo deu-ra-i-eo

40. Les montres. Les horloges

montre (f)	손목 시계	son-mok si-gye
cadran (m)	문자반	mun-ja-ban
aiguille (f)	바늘	ba-neul
bracelet (m)	금속제 시계줄	geum-sok-je si-gye-jul
bracelet (m) (en cuir)	시계줄	si-gye-jul
pile (f)	건전지	geon-jeon-ji
être déchargé	나가다	na-ga-da
changer de pile	배터리를 갈다	bae-teo-ri-reul gal-da
avancer (vi)	빨리 가다	ppal-li ga-da
retarder (vi)	늦게 가다	neut-ge ga-da
pendule (f)	벽시계	byeok-si-gye
sablier (m)	모래시계	mo-rae-si-gye
cadran (m) solaire	해시계	hae-si-gye
réveil (m)	알람 시계	al-lam si-gye
horloger (m)	시계 기술자	si-gye gi-sul-ja
réparer (vt)	수리하다	su-ri-ha-da

L'EXPÉRIENCE QUOTIDIENNE

41. L'argent

argent (m)	돈	don
échange (m)	환전	hwan-jeon
cours (m) de change	환율	hwa-nyul
distributeur (m)	현금 자동 지급기	hyeon-geum ja-dong ji-geup-gi
monnaie (f)	동전	dong-jeon
dollar (m)	달러	dal-leo
euro (m)	유로	yu-ro
lire (f)	리라	ri-ra
mark (m) allemand	마르크	ma-reu-keu
franc (m)	프랑	peu-rang
livre sterling (f)	파운드	pa-un-deu
yen (m)	엔	en
dette (f)	빚	bit
débiteur (m)	채무자	chae-mu-ja
prêter (vt)	빌려주다	bil-lyeo-ju-da
emprunter (vt)	빌리다	bil-li-da
banque (f)	은행	eun-haeng
compte (m)	계좌	gye-jwa
verser dans le compte	계좌에 입금하다	ip-geum-ha-da
retirer du compte	출금하다	chul-geum-ha-da
carte (f) de crédit	신용 카드	si-nyong ka-deu
espèces (f pl)	현금	hyeon-geum
chèque (m)	수표	su-pyo
faire un chèque	수표를 끊다	su-pyo-reul kkeun-ta
chéquier (m)	수표책	su-pyo-chaek
portefeuille (m)	지갑	ji-gap
bourse (f)	동전지갑	dong-jeon-ji-gap
coffre fort (m)	금고	geum-go
héritier (m)	상속인	sang-so-gin
héritage (m)	유산	yu-san
fortune (f)	재산, 큰돈	jae-san, keun-don
location (f)	임대	im-dae
loyer (m) (argent)	집세	jip-se
louer (prendre en location)	임대하다	im-dae-ha-da
prix (m)	가격	ga-gyeok
coût (m)	비용	bi-yong

somme (f)	액수	aek-su
dépenser (vt)	쓰다	sseu-da
dépenses (f pl)	출비를	chul-bi-reul
économiser (vt)	절약하다	jeo-ryak-a-da
économe (adj)	경제적인	gyeong-je-jeo-gin
payer (régler)	지불하다	ji-bul-ha-da
paiement (m)	지불	ji-bul
monnaie (f) (rendre la ~)	거스름돈	geo-seu-reum-don
impôt (m)	세금	se-geum
amende (f)	벌금	beol-geum
mettre une amende	벌금을 부과하다	beol-geu-meul bu-gwa-ha-da

42. La poste. Les services postaux

poste (f)	우체국	u-che-guk
courrier (m) (lettres, etc.)	우편물	u-pyeon-mul
facteur (m)	우체부	u-che-bu
heures (f pl) d'ouverture	영업 시간	yeong-eop si-gan
lettre (f)	편지	pyeon-ji
recommandé (m)	등기 우편	deung-gi u-pyeon
carte (f) postale	엽서	yeop-seo
télégramme (m)	전보	jeon-bo
colis (m)	소포	so-po
mandat (m) postal	송금	song-geum
recevoir (vt)	받다	bat-da
envoyer (vt)	보내다	bo-nae-da
envoi (m)	발송	bal-song
adresse (f)	주소	ju-so
code (m) postal	우편 번호	u-pyeon beon-ho
expéditeur (m)	발송인	bal-song-in
destinataire (m)	수신인	su-sin-in
prénom (m)	이름	i-reum
nom (m) de famille	성	seong
tarif (m)	요금	yo-geum
normal (adj)	일반의	il-ba-nui
économique (adj)	경제적인	gyeong-je-jeo-gin
poids (m)	무게	mu-ge
peser (~ les lettres)	무게를 달다	mu-ge-reul dal-da
enveloppe (f)	봉투	bong-tu
timbre (m)	우표	u-pyo

43. Les opérations bancaires

banque (f)	은행	eun-haeng
agence (f) bancaire	지점	ji-jeom

conseiller (m)	행원	haeng-won
gérant (m)	지배인	ji-bae-in

compte (m)	은행계좌	eun-haeng-gye-jwa
numéro (m) du compte	계좌 번호	gye-jwa beon-ho
compte (m) courant	당좌	dang-jwa
compte (m) sur livret	보통 예금	bo-tong ye-geum

ouvrir un compte	계좌를 열다	gye-jwa-reul ryeol-da
clôturer le compte	계좌를 해지하다	gye-jwa-reul hae-ji-ha-da
verser dans le compte	계좌에 입금하다	ip-geum-ha-da
retirer du compte	출금하다	chul-geum-ha-da

dépôt (m)	저금	jeo-geum
faire un dépôt	입금하다	ip-geum-ha-da
virement (m) bancaire	송금	song-geum
faire un transfert	송금하다	song-geum-ha-da

somme (f)	액수	aek-su
Combien?	얼마?	eol-ma?

signature (f)	서명	seo-myeong
signer (vt)	서명하다	seo-myeong-ha-da

carte (f) de crédit	신용 카드	si-nyong ka-deu
code (m)	비밀번호	bi-mil-beon-ho
numéro (m) de carte de crédit	신용 카드 번호	si-nyong ka-deu beon-ho
distributeur (m)	현금 자동 지급기	hyeon-geum ja-dong ji-geup-gi

chèque (m)	수표	su-pyo
faire un chèque	수표를 끊다	su-pyo-reul kkeun-ta
chéquier (m)	수표책	su-pyo-chaek

crédit (m)	대출	dae-chul
demander un crédit	대출 신청하다	dae-chul sin-cheong-ha-da
prendre un crédit	대출을 받다	dae-chu-reul bat-da
accorder un crédit	대출하다	dae-chul-ha-da
gage (m)	담보	dam-bo

44. Le téléphone. La conversation téléphonique

téléphone (m)	전화	jeon-hwa
portable (m)	휴대폰	hyu-dae-pon
répondeur (m)	자동 응답기	ja-dong eung-dap-gi

téléphoner, appeler	전화하다	jeon-hwa-ha-da
appel (m)	통화	tong-hwa

composer le numéro	번호로 걸다	beon-ho-ro geol-da
Allô!	여보세요!	yeo-bo-se-yo!
demander (~ l'heure)	묻다	mut-da
répondre (vi, vt)	전화를 받다	jeon-hwa-reul bat-da
entendre (bruit, etc.)	듣다	deut-da

bien (adv)	잘	jal
mal (adv)	좋지 않은	jo-chi a-neun
bruits (m pl)	잡음	ja-beum
récepteur (m)	수화기	su-hwa-gi
décrocher (vt)	전화를 받다	jeon-hwa-reul bat-da
raccrocher (vi)	전화를 끊다	jeon-hwa-reul kkeun-ta
occupé (adj)	통화 중인	tong-hwa jung-in
sonner (vi)	울리다	ul-li-da
carnet (m) de téléphone	전화 번호부	jeon-hwa beon-ho-bu
local (adj)	시내의	si-nae-ui
interurbain (adj)	장거리의	jang-geo-ri-ui
international (adj)	국제적인	guk-je-jeo-gin

45. Le téléphone portable

portable (m)	휴대폰	hyu-dae-pon
écran (m)	화면	hwa-myeon
bouton (m)	버튼	beo-teun
carte SIM (f)	SIM 카드	SIM ka-deu
pile (f)	건전지	geon-jeon-ji
être déchargé	나가다	na-ga-da
chargeur (m)	충전기	chung-jeon-gi
menu (m)	메뉴	me-nyu
réglages (m pl)	설정	seol-jeong
mélodie (f)	벨소리	bel-so-ri
sélectionner (vt)	선택하다	seon-taek-a-da
calculatrice (f)	계산기	gye-san-gi
répondeur (m)	자동 응답기	ja-dong eung-dap-gi
réveil (m)	알람 시계	al-lam si-gye
contacts (m pl)	연락처	yeol-lak-cheo
SMS (m)	문자 메시지	mun-ja me-si-ji
abonné (m)	가입자	ga-ip-ja

46. La papeterie

stylo (m) à bille	볼펜	bol-pen
stylo (m) à plume	만년필	man-nyeon-pil
crayon (m)	연필	yeon-pil
marqueur (m)	형광펜	hyeong-gwang-pen
feutre (m)	사인펜	sa-in-pen
bloc-notes (m)	공책	gong-chaek
agenda (m)	수첩	su-cheop
règle (f)	자	ja

calculatrice (f)	계산기	gye-san-gi
gomme (f)	지우개	ji-u-gae
punaise (f)	압정	ap-jeong
trombone (m)	클립	keul-lip

colle (f)	접착제	jeop-chak-je
agrafeuse (f)	호치키스	ho-chi-ki-seu
perforateur (m)	펀치	peon-chi
taille-crayon (m)	연필깎이	yeon-pil-kka-kki

47. Les langues étrangères

langue (f)	언어	eon-eo
langue (f) étrangère	외국어	oe-gu-geo
étudier (vt)	공부하다	gong-bu-ha-da
apprendre (~ l'arabe)	배우다	bae-u-da

lire (vi, vt)	읽다	ik-da
parler (vi, vt)	말하다	mal-ha-da
comprendre (vt)	이해하다	i-hae-ha-da
écrire (vt)	쓰다	sseu-da

vite (adv)	빨리	ppal-li
lentement (adv)	천천히	cheon-cheon-hi
couramment (adv)	유창하게	yu-chang-ha-ge

règles (f pl)	규칙	gyu-chik
grammaire (f)	문법	mun-beop
vocabulaire (m)	어휘	eo-hwi
phonétique (f)	음성학	eum-seong-hak

manuel (m)	교과서	gyo-gwa-seo
dictionnaire (m)	사전	sa-jeon
manuel (m) autodidacte	자습서	ja-seup-seo
guide (m) de conversation	회화집	hoe-hwa-jip

cassette (f)	테이프	te-i-peu
cassette (f) vidéo	비디오테이프	bi-di-o-te-i-peu
CD (m)	씨디	ssi-di
DVD (m)	디비디	di-bi-di

alphabet (m)	알파벳	al-pa-bet
épeler (vt)	… 의 철자이다	… ui cheol-ja-i-da
prononciation (f)	발음	ba-reum

accent (m)	악센트	ak-sen-teu
avec un accent	사투리로	sa-tu-ri-ro
sans accent	억양 없이	eo-gyang eop-si

| mot (m) | 단어 | dan-eo |
| sens (m) | 의미 | ui-mi |

| cours (m pl) | 강좌 | gang-jwa |
| s'inscrire (vp) | 등록하다 | deung-nok-a-da |

52

professeur (m) (~ d'anglais)	강사	gang-sa
traduction (f) (action)	번역	beo-nyeok
traduction (f) (texte)	번역	beo-nyeok
traducteur (m)	번역가	beo-nyeok-ga
interprète (m)	통역가	tong-yeok-ga
polyglotte (m)	수개 국어를 말하는 사람	su-gae gu-geo-reul mal-ha-neun sa-ram
mémoire (f)	기억력	gi-eong-nyeok

LES REPAS. LE RESTAURANT

48. Le dressage de la table

cuillère (f)	숟가락	sut-ga-rak
couteau (m)	나이프	na-i-peu
fourchette (f)	포크	po-keu
tasse (f)	컵	keop
assiette (f)	접시	jeop-si
soucoupe (f)	받침 접시	bat-chim jeop-si
serviette (f)	넵킨	naep-kin
cure-dent (m)	이쑤시개	i-ssu-si-gae

49. Le restaurant

restaurant (m)	레스토랑	re-seu-to-rang
salon (m) de café	커피숍	keo-pi-syop
bar (m)	바	ba
salon (m) de thé	카페, 티룸	ka-pe, ti-rum
serveur (m)	웨이터	we-i-teo
serveuse (f)	웨이트리스	we-i-teu-ri-seu
barman (m)	바텐더	ba-ten-deo
carte (f)	메뉴판	me-nyu-pan
carte (f) des vins	와인 메뉴	wa-in me-nyu
réserver une table	테이블 예약을 하다	te-i-beul rye-ya-geul ha-da
plat (m)	요리, 코스	yo-ri, ko-seu
commander (vt)	주문하다	ju-mun-ha-da
faire la commande	주문을 하다	ju-mu-neul ha-da
apéritif (m)	아페리티프	a-pe-ri-ti-peu
hors-d'œuvre (m)	애피타이저	ae-pi-ta-i-jeo
dessert (m)	디저트	di-jeo-teu
addition (f)	계산서	gye-san-seo
régler l'addition	계산하다	gye-san-ha-da
rendre la monnaie	거스름돈을 주다	geo-seu-reum-do-neul ju-da
pourboire (m)	팁	tip

50. Les repas

nourriture (f)	음식	eum-sik
manger (vi, vt)	먹다	meok-da

petit déjeuner (m)	아침식사	a-chim-sik-sa
prendre le petit déjeuner	아침을 먹다	a-chi-meul meok-da
déjeuner (m)	점심식사	jeom-sim-sik-sa
déjeuner (vi)	점심을 먹다	jeom-si-meul meok-da
dîner (m)	저녁식사	jeo-nyeok-sik-sa
dîner (vi)	저녁을 먹다	jeo-nyeo-geul meok-da
appétit (m)	식욕	si-gyok
Bon appétit!	맛있게 드십시오!	man-nit-ge deu-sip-si-o!
ouvrir (vt)	열다	yeol-da
renverser (liquide)	엎지르다	eop-ji-reu-da
se renverser (liquide)	쏟아지다	sso-da-ji-da
bouillir (vi)	끓다	kkeul-ta
faire bouillir	끓이다	kkeu-ri-da
bouilli (l'eau ~e)	끓인	kkeu-rin
refroidir (vt)	식히다	sik-i-da
se refroidir (vp)	식다	sik-da
goût (m)	맛	mat
arrière-goût (m)	뒷 맛	dwit mat
suivre un régime	살을 빼다	sa-reul ppae-da
régime (m)	다이어트	da-i-eo-teu
vitamine (f)	비타민	bi-ta-min
calorie (f)	칼로리	kal-lo-ri
végétarien (m)	채식주의자	chae-sik-ju-ui-ja
végétarien (adj)	채식주의의	chae-sik-ju-ui-ui
lipides (m pl)	지방	ji-bang
protéines (f pl)	단백질	dan-baek-jil
glucides (m pl)	탄수화물	tan-su-hwa-mul
tranche (f)	조각	jo-gak
morceau (m)	조각	jo-gak
miette (f)	부스러기	bu-seu-reo-gi

51. Les plats cuisinés

plat (m)	요리, 코스	yo-ri, ko-seu
cuisine (f)	요리	yo-ri
recette (f)	요리법	yo-ri-beop
portion (f)	분량	bul-lyang
salade (f)	샐러드	sael-leo-deu
soupe (f)	수프	su-peu
bouillon (m)	육수	yuk-su
sandwich (m)	샌드위치	saen-deu-wi-chi
les œufs brouillés	계란후라이	gye-ran-hu-ra-i
hamburger (m)	햄버거	haem-beo-geo
steak (m)	비프스테이크	bi-peu-seu-te-i-keu
garniture (f)	사이드 메뉴	sa-i-deu me-nyu

spaghettis (m pl)	스파게티	seu-pa-ge-ti
purée (f)	으깬 감자	eu-kkaen gam-ja
pizza (f)	피자	pi-ja
bouillie (f)	죽	juk
omelette (f)	오믈렛	o-meul-let
cuit à l'eau (adj)	삶은	sal-meun
fumé (adj)	훈제된	hun-je-doen
frit (adj)	튀긴	twi-gin
sec (adj)	말린	mal-lin
congelé (adj)	얼린	eol-lin
mariné (adj)	초절인	cho-jeo-rin
sucré (adj)	단	dan
salé (adj)	짠	jjan
froid (adj)	차가운	cha-ga-un
chaud (adj)	뜨거운	tteu-geo-un
amer (adj)	쓴	sseun
bon (savoureux)	맛있는	man-nin-neun
cuire à l'eau	삶다	sam-da
préparer (le dîner)	요리하다	yo-ri-ha-da
faire frire	부치다	bu-chi-da
réchauffer (vt)	데우다	de-u-da
saler (vt)	소금을 넣다	so-geu-meul leo-ta
poivrer (vt)	후추를 넣다	hu-chu-reul leo-ta
râper (vt)	강판에 갈다	gang-pa-ne gal-da
peau (f)	껍질	kkeop-jil
éplucher (vt)	껍질 벗기다	kkeop-jil beot-gi-da

52. Les aliments

viande (f)	고기	go-gi
poulet (m)	닭고기	dak-go-gi
poulet (m) (poussin)	영계	yeong-gye
canard (m)	오리고기	o-ri-go-gi
oie (f)	거위고기	geo-wi-go-gi
gibier (m)	사냥감	sa-nyang-gam
dinde (f)	칠면조고기	chil-myeon-jo-go-gi
du porc	돼지고기	dwae-ji-go-gi
du veau	송아지 고기	song-a-ji go-gi
du mouton	양고기	yang-go-gi
du bœuf	소고기	so-go-gi
lapin (m)	토끼고기	to-kki-go-gi
saucisson (m)	소시지	so-si-ji
saucisse (f)	비엔나 소시지	bi-en-na so-si-ji
bacon (m)	베이컨	be-i-keon
jambon (m)	햄	haem
cuisse (f)	개먼	gae-meon
pâté (m)	파테	pa-te
foie (m)	간	gan

| farce (f) | 다진 고기 | da-jin go-gi |
| langue (f) | 혀 | hyeo |

œuf (m)	계란	gye-ran
les œufs	계란	gye-ran
blanc (m) d'œuf	흰자	huin-ja
jaune (m) d'œuf	노른자	no-reun-ja

poisson (m)	생선	saeng-seon
fruits (m pl) de mer	해물	hae-mul
caviar (m)	캐비어	kae-bi-eo

crabe (m)	게	ge
crevette (f)	새우	sae-u
huître (f)	굴	gul
langoustine (f)	대하	dae-ha
poulpe (m)	문어	mun-eo
calamar (m)	오징어	o-jing-eo

esturgeon (m)	철갑상어	cheol-gap-sang-eo
saumon (m)	연어	yeon-eo
flétan (m)	넙치	neop-chi

morue (f)	대구	dae-gu
maquereau (m)	고등어	go-deung-eo
thon (m)	참치	cham-chi
anguille (f)	뱀장어	baem-jang-eo

truite (f)	송어	song-eo
sardine (f)	정어리	jeong-eo-ri
brochet (m)	강꼬치고기	gang-kko-chi-go-gi
hareng (m)	청어	cheong-eo

pain (m)	빵	ppang
fromage (m)	치즈	chi-jeu
sucre (m)	설탕	seol-tang
sel (m)	소금	so-geum

riz (m)	쌀	ssal
pâtes (m pl)	파스타	pa-seu-ta
nouilles (f pl)	면	myeon

beurre (m)	버터	beo-teo
huile (f) végétale	식물유	sing-mu-ryu
huile (f) de tournesol	해바라기유	hae-ba-ra-gi-yu
margarine (f)	마가린	ma-ga-rin

| olives (f pl) | 올리브 | ol-li-beu |
| huile (f) d'olive | 올리브유 | ol-li-beu-yu |

lait (m)	우유	u-yu
lait (m) condensé	연유	yeo-nyu
yogourt (m)	요구르트	yo-gu-reu-teu
crème (f) aigre	사워크림	sa-wo-keu-rim
crème (f) (de lait)	크림	keu-rim
sauce (f) mayonnaise	마요네즈	ma-yo-ne-jeu

crème (f) au beurre	버터크림	beo-teo-keu-rim
gruau (m)	곡물	gong-mul
farine (f)	밀가루	mil-ga-ru
conserves (f pl)	통조림	tong-jo-rim

pétales (m pl) de maïs	콘플레이크	kon-peul-le-i-keu
miel (m)	꿀	kkul
confiture (f)	잼	jaem
gomme (f) à mâcher	껌	kkeom

53. Les boissons

eau (f)	물	mul
eau (f) potable	음료수	eum-nyo-su
eau (f) minérale	미네랄 워터	mi-ne-ral rwo-teo

plate (adj)	탄산 없는	tan-san neom-neun
gazeuse (l'eau ~)	탄산의	tan-sa-nui
pétillante (adj)	탄산이 든	tan-san-i deun
glace (f)	얼음	eo-reum
avec de la glace	얼음을 넣은	eo-reu-meul leo-eun

sans alcool	무알코올의	mu-al-ko-o-rui
boisson (f) non alcoolisée	청량음료	cheong-nyang-eum-nyo
rafraîchissement (m)	청량 음료	cheong-nyang eum-nyo
limonade (f)	레모네이드	re-mo-ne-i-deu

boissons (f pl) alcoolisées	술	sul
vin (m)	와인	wa-in
vin (m) blanc	백 포도주	baek po-do-ju
vin (m) rouge	레드 와인	re-deu wa-in

liqueur (f)	리큐르	ri-kyu-reu
champagne (m)	샴페인	syam-pe-in
vermouth (m)	베르무트	be-reu-mu-teu

whisky (m)	위스키	wi-seu-ki
vodka (f)	보드카	bo-deu-ka
gin (m)	진	jin
cognac (m)	코냑	ko-nyak
rhum (m)	럼	reom

café (m)	커피	keo-pi
café (m) noir	블랙 커피	beul-laek keo-pi
café (m) au lait	밀크 커피	mil-keu keo-pi
cappuccino (m)	카푸치노	ka-pu-chi-no
café (m) soluble	인스턴트 커피	in-seu-teon-teu keo-pi

lait (m)	우유	u-yu
cocktail (m)	칵테일	kak-te-il
cocktail (m) au lait	밀크 셰이크	mil-keu sye-i-keu

| jus (m) | 주스 | ju-seu |
| jus (m) de tomate | 토마토 주스 | to-ma-to ju-seu |

jus (m) d'orange	오렌지 주스	o-ren-ji ju-seu
jus (m) pressé	생과일주스	saeng-gwa-il-ju-seu
bière (f)	맥주	maek-ju
bière (f) blonde	라거	ra-geo
bière (f) brune	흑맥주	heung-maek-ju
thé (m)	차	cha
thé (m) noir	홍차	hong-cha
thé (m) vert	녹차	nok-cha

54. Les légumes

légumes (m pl)	채소	chae-so
verdure (f)	녹황색 채소	nok-wang-saek chae-so
tomate (f)	토마토	to-ma-to
concombre (m)	오이	o-i
carotte (f)	당근	dang-geun
pomme (f) de terre	감자	gam-ja
oignon (m)	양파	yang-pa
ail (m)	마늘	ma-neul
chou (m)	양배추	yang-bae-chu
chou-fleur (m)	컬리플라워	keol-li-peul-la-wo
chou (m) de Bruxelles	방울다다기 양배추	bang-ul-da-da-gi yang-bae-chu
brocoli (m)	브로콜리	beu-ro-kol-li
betterave (f)	비트	bi-teu
aubergine (f)	가지	ga-ji
courgette (f)	애호박	ae-ho-bak
potiron (m)	호박	ho-bak
navet (m)	순무	sun-mu
persil (m)	파슬리	pa-seul-li
fenouil (m)	딜	dil
laitue (f) (salade)	양상추	yang-sang-chu
céleri (m)	셀러리	sel-leo-ri
asperge (f)	아스파라거스	a-seu-pa-ra-geo-seu
épinard (m)	시금치	si-geum-chi
pois (m)	완두	wan-du
fèves (f pl)	콩	kong
maïs (m)	옥수수	ok-su-su
haricot (m)	강낭콩	gang-nang-kong
poivron (m)	피망	pi-mang
radis (m)	무	mu
artichaut (m)	아티초크	a-ti-cho-keu

55. Les fruits. Les noix

fruit (m)	과일	gwa-il
pomme (f)	사과	sa-gwa
poire (f)	배	bae
citron (m)	레몬	re-mon
orange (f)	오렌지	o-ren-ji
fraise (f)	딸기	ttal-gi
mandarine (f)	귤	gyul
prune (f)	자두	ja-du
pêche (f)	복숭아	bok-sung-a
abricot (m)	살구	sal-gu
framboise (f)	라즈베리	ra-jeu-be-ri
ananas (m)	파인애플	pa-in-ae-peul
banane (f)	바나나	ba-na-na
pastèque (f)	수박	su-bak
raisin (m)	포도	po-do
cerise (f)	신양	si-nyang
merise (f)	양벚나무	yang-beon-na-mu
melon (m)	멜론	mel-lon
pamplemousse (m)	자몽	ja-mong
avocat (m)	아보카도	a-bo-ka-do
papaye (f)	파파야	pa-pa-ya
mangue (f)	망고	mang-go
grenade (f)	석류	seong-nyu
groseille (f) rouge	레드커런트	re-deu-keo-ren-teu
cassis (m)	블랙커런트	beul-laek-keo-ren-teu
groseille (f) verte	구스베리	gu-seu-be-ri
myrtille (f)	빌베리	bil-be-ri
mûre (f)	블랙베리	beul-laek-be-ri
raisin (m) sec	건포도	geon-po-do
figue (f)	무화과	mu-hwa-gwa
datte (f)	대추야자	dae-chu-ya-ja
cacahuète (f)	땅콩	ttang-kong
amande (f)	아몬드	a-mon-deu
noix (f)	호두	ho-du
noisette (f)	개암	gae-am
noix (f) de coco	코코넛	ko-ko-neot
pistaches (f pl)	피스타치오	pi-seu-ta-chi-o

56. Le pain. Les confiseries

confiserie (f)	과자류	gwa-ja-ryu
pain (m)	빵	ppang
biscuit (m)	쿠키	ku-ki
chocolat (m)	초콜릿	cho-kol-lit
en chocolat (adj)	초콜릿의	cho-kol-lis-ui

bonbon (m)	사탕	sa-tang
gâteau (m), pâtisserie (f)	케이크	ke-i-keu
tarte (f)	케이크	ke-i-keu
gâteau (m)	파이	pa-i
garniture (f)	속	sok
confiture (f)	잼	jaem
marmelade (f)	마멀레이드	ma-meol-le-i-deu
gaufre (f)	와플	wa-peul
glace (f)	아이스크림	a-i-seu-keu-rim

57. Les épices

sel (m)	소금	so-geum
salé (adj)	짜	jja
saler (vt)	소금을 넣다	so-geu-meul leo-ta
poivre (m) noir	후추	hu-chu
poivre (m) rouge	고춧가루	go-chut-ga-ru
moutarde (f)	겨자	gyeo-ja
raifort (m)	고추냉이	go-chu-naeng-i
condiment (m)	양념	yang-nyeom
épice (f)	향료	hyang-nyo
sauce (f)	소스	so-seu
vinaigre (m)	식초	sik-cho
anis (m)	아니스	a-ni-seu
basilic (m)	바질	ba-jil
clou (m) de girofle	정향	jeong-hyang
gingembre (m)	생강	saeng-gang
coriandre (m)	고수	go-su
cannelle (f)	계피	gye-pi
sésame (m)	깨	kkae
feuille (f) de laurier	월계수잎	wol-gye-su-ip
paprika (m)	파프리카	pa-peu-ri-ka
cumin (m)	캐러웨이	kae-reo-we-i
safran (m)	사프란	sa-peu-ran

LES DONNÉES PERSONNELLES. LA FAMILLE

58. Les données personnelles. Les formulaires

prénom (m)	이름	i-reum
nom (m) de famille	성	seong
date (f) de naissance	생년월일	saeng-nyeon-wo-ril
lieu (m) de naissance	탄생지	tan-saeng-ji
nationalité (f)	국적	guk-jeok
domicile (m)	거소	geo-so
pays (m)	나라	na-ra
profession (f)	직업	ji-geop
sexe (m)	성별	seong-byeol
taille (f)	키	ki
poids (m)	몸무게	mom-mu-ge

59. La famille. Les liens de parenté

mère (f)	어머니	eo-meo-ni
père (m)	아버지	a-beo-ji
fils (m)	아들	a-deul
fille (f)	딸	ttal
fille (f) cadette	작은딸	ja-geun-ttal
fils (m) cadet	작은아들	ja-geun-a-deul
fille (f) aînée	맏딸	mat-ttal
fils (m) aîné	맏아들	ma-da-deul
frère (m)	형제	hyeong-je
sœur (f)	자매	ja-mae
cousin (m)	사촌 형제	sa-chon hyeong-je
cousine (f)	사촌 자매	sa-chon ja-mae
maman (f)	엄마	eom-ma
papa (m)	아빠	a-ppa
parents (m pl)	부모	bu-mo
enfant (m, f)	아이, 아동	a-i, a-dong
enfants (pl)	아이들	a-i-deul
grand-mère (f)	할머니	hal-meo-ni
grand-père (m)	할아버지	ha-ra-beo-ji
petit-fils (m)	손자	son-ja
petite-fille (f)	손녀	son-nyeo
petits-enfants (pl)	손자들	son-ja-deul
oncle (m)	삼촌	sam-chon
neveu (m)	조카	jo-ka

nièce (f)	조카딸	jo-ka-ttal
belle-mère (f)	장모	jang-mo
beau-père (m)	시아버지	si-a-beo-ji
gendre (m)	사위	sa-wi
belle-mère (f)	계모	gye-mo
beau-père (m)	계부	gye-bu
nourrisson (m)	영아	yeong-a
bébé (m)	아기	a-gi
petit (m)	꼬마	kko-ma
femme (f)	아내	a-nae
mari (m)	남편	nam-pyeon
époux (m)	배우자	bae-u-ja
épouse (f)	배우자	bae-u-ja
marié (adj)	결혼한	gyeol-hon-han
mariée (adj)	결혼한	gyeol-hon-han
célibataire (adj)	미혼의	mi-hon-ui
célibataire (m)	미혼 남자	mi-hon nam-ja
divorcé (adj)	이혼한	i-hon-han
veuve (f)	과부	gwa-bu
veuf (m)	홀아비	ho-ra-bi
parent (m)	친척	chin-cheok
parent (m) proche	가까운 친척	ga-kka-un chin-cheok
parent (m) éloigné	먼 친척	meon chin-cheok
parents (m pl)	친척들	chin-cheok-deul
orphelin (m), orpheline (f)	고아	go-a
tuteur (m)	후견인	hu-gyeon-in
adopter (un garçon)	입양하다	i-byang-ha-da
adopter (une fille)	입양하다	i-byang-ha-da

60. Les amis. Les collègues

ami (m)	친구	chin-gu
amie (f)	친구	chin-gu
amitié (f)	우정	u-jeong
être ami	사귀다	sa-gwi-da
copain (m)	벗	beot
copine (f)	벗	beot
partenaire (m)	파트너	pa-teu-neo
chef (m)	상사	sang-sa
supérieur (m)	윗사람	wit-sa-ram
subordonné (m)	부하	bu-ha
collègue (m, f)	동료	dong-nyo
connaissance (f)	아는 사람	a-neun sa-ram
compagnon (m) de route	동행자	dong-haeng-ja
copain (m) de classe	동급생	dong-geup-saeng
voisin (m)	이웃	i-ut

| voisine (f) | 이웃 | i-ut |
| voisins (m pl) | 이웃들 | i-ut-deul |

LE CORPS HUMAIN. LES MÉDICAMENTS

61. La tête

tête (f)	머리	meo-ri
visage (m)	얼굴	eol-gul
nez (m)	코	ko
bouche (f)	입	ip
œil (m)	눈	nun
les yeux	눈	nun
pupille (f)	눈동자	nun-dong-ja
sourcil (m)	눈썹	nun-sseop
cil (m)	속눈썹	song-nun-sseop
paupière (f)	눈꺼풀	nun-kkeo-pul
langue (f)	혀	hyeo
dent (f)	이	i
lèvres (f pl)	입술	ip-sul
pommettes (f pl)	광대뼈	gwang-dae-ppyeo
gencive (f)	잇몸	in-mom
palais (m)	입천장	ip-cheon-jang
narines (f pl)	콧구멍	kot-gu-meong
menton (m)	턱	teok
mâchoire (f)	턱	teok
joue (f)	뺨, 볼	ppyam, bol
front (m)	이마	i-ma
tempe (f)	관자놀이	gwan-ja-no-ri
oreille (f)	귀	gwi
nuque (f)	뒤통수	dwi-tong-su
cou (m)	목	mok
gorge (f)	목구멍	mok-gu-meong
cheveux (m pl)	머리털, 헤어	meo-ri-teol, he-eo
coiffure (f)	머리 스타일	meo-ri seu-ta-il
coupe (f)	헤어컷	he-eo-keot
perruque (f)	가발	ga-bal
moustache (f)	콧수염	kot-su-yeom
barbe (f)	턱수염	teok-su-yeom
porter (~ la barbe)	기르다	gi-reu-da
tresse (f)	땋은 머리	tta-eun meo-ri
favoris (m pl)	구레나룻	gu-re-na-rut
roux (adj)	빨강머리의	ppal-gang-meo-ri-ui
gris, grisonnant (adj)	흰머리의	huin-meo-ri-ui
chauve (adj)	대머리인	dae-meo-ri-in
calvitie (f)	땜통	ttaem-tong

queue (f) de cheval	말총머리	mal-chong-meo-ri
frange (f)	앞머리	am-meo-ri

62. Le corps humain

main (f)	손	son
bras (m)	팔	pal
doigt (m)	손가락	son-ga-rak
pouce (m)	엄지손가락	eom-ji-son-ga-rak
petit doigt (m)	새끼손가락	sae-kki-son-ga-rak
ongle (m)	손톱	son-top
poing (m)	주먹	ju-meok
paume (f)	손바닥	son-ba-dak
poignet (m)	손목	son-mok
avant-bras (m)	전박	jeon-bak
coude (m)	팔꿈치	pal-kkum-chi
épaule (f)	어깨	eo-kkae
jambe (f)	다리	da-ri
pied (m)	발	bal
genou (m)	무릎	mu-reup
mollet (m)	종아리	jong-a-ri
hanche (f)	엉덩이	eong-deong-i
talon (m)	발뒤꿈치	bal-dwi-kkum-chi
corps (m)	몸	mom
ventre (m)	배	bae
poitrine (f)	가슴	ga-seum
sein (m)	가슴	ga-seum
côté (m)	옆구리	yeop-gu-ri
dos (m)	등	deung
reins (région lombaire)	허리	heo-ri
taille (f) (~ de guêpe)	허리	heo-ri
nombril (m)	배꼽	bae-kkop
fesses (f pl)	엉덩이	eong-deong-i
derrière (m)	엉덩이	eong-deong-i
grain (m) de beauté	점	jeom
tache (f) de vin	모반	mo-ban
tatouage (m)	문신	mun-sin
cicatrice (f)	흉터	hyung-teo

63. Les maladies

maladie (f)	병	byeong
être malade	눕다	nup-da
santé (f)	건강	geon-gang
rhume (m) (coryza)	비염	bi-yeom
angine (f)	편도염	pyeon-do-yeom

refroidissement (m)	감기	gam-gi
prendre froid	감기에 걸리다	gam-gi-e geol-li-da
bronchite (f)	기관지염	gi-gwan-ji-yeom
pneumonie (f)	폐렴	pye-ryeom
grippe (f)	독감	dok-gam
myope (adj)	근시의	geun-si-ui
presbyte (adj)	원시의	won-si-ui
strabisme (m)	사시	sa-si
strabique (adj)	사시인	sa-si-in
cataracte (f)	백내장	baeng-nae-jang
glaucome (m)	녹내장	nong-nae-jang
insulte (f)	뇌졸증	noe-jol-jung
crise (f) cardiaque	심장마비	sim-jang-ma-bi
infarctus (m) de myocarde	심근경색증	sim-geun-gyeong-saek-jeung
paralysie (f)	마비	ma-bi
paralyser (vt)	마비되다	ma-bi-doe-da
allergie (f)	알레르기	al-le-reu-gi
asthme (m)	천식	cheon-sik
diabète (m)	당뇨병	dang-nyo-byeong
mal (m) de dents	치통, 이앓이	chi-tong, i-a-ri
carie (f)	충치	chung-chi
diarrhée (f)	설사	seol-sa
constipation (f)	변비증	byeon-bi-jeung
estomac (m) barbouillé	배탈	bae-tal
intoxication (f) alimentaire	식중독	sik-jung-dok
être intoxiqué	식중독에 걸리다	sik-jung-do-ge geol-li-da
arthrite (f)	관절염	gwan-jeo-ryeom
rachitisme (m)	구루병	gu-ru-byeong
rhumatisme (m)	류머티즘	ryu-meo-ti-jeum
gastrite (f)	위염	wi-yeom
appendicite (f)	맹장염	maeng-jang-yeom
cholécystite (f)	담낭염	dam-nang-yeom
ulcère (m)	궤양	gwe-yang
rougeole (f)	홍역	hong-yeok
rubéole (f)	풍진	pung-jin
jaunisse (f)	황달	hwang-dal
hépatite (f)	간염	gan-nyeom
schizophrénie (f)	정신 분열증	jeong-sin bu-nyeol-jeung
rage (f) (hydrophobie)	광견병	gwang-gyeon-byeong
névrose (f)	신경증	sin-gyeong-jeung
commotion (f) cérébrale	뇌진탕	noe-jin-tang
cancer (m)	암	am
sclérose (f)	경화증	gyeong-hwa-jeung
sclérose (f) en plaques	다발성 경화증	da-bal-seong gyeong-hwa-jeung

alcoolisme (m)	알코올 중독	al-ko-ol jung-dok
alcoolique (m)	알코올 중독자	al-ko-ol jung-dok-ja
syphilis (f)	매독	mae-dok
SIDA (m)	에이즈	e-i-jeu
tumeur (f)	종양	jong-yang
maligne (adj)	악성의	ak-seong-ui
bénigne (adj)	양성의	yang-seong-ui
fièvre (f)	열병	yeol-byeong
malaria (f)	말라리아	mal-la-ri-a
gangrène (f)	괴저	goe-jeo
mal (m) de mer	뱃멀미	baen-meol-mi
épilepsie (f)	간질	gan-jil
épidémie (f)	유행병	yu-haeng-byeong
typhus (m)	발진티푸스	bal-jin-ti-pu-seu
tuberculose (f)	결핵	gyeol-haek
choléra (m)	콜레라	kol-le-ra
peste (f)	페스트	pe-seu-teu

64. Les symptômes. Le traitement. Partie 1

symptôme (m)	증상	jeung-sang
température (f)	체온	che-on
fièvre (f)	열	yeol
pouls (m)	맥박	maek-bak
vertige (m)	현기증	hyeon-gi-jeung
chaud (adj)	뜨거운	tteu-geo-un
frisson (m)	전율	jeo-nyul
pâle (adj)	창백한	chang-baek-an
toux (f)	기침	gi-chim
tousser (vi)	기침을 하다	gi-chi-meul ha-da
éternuer (vi)	재채기하다	jae-chae-gi-ha-da
évanouissement (m)	실신	sil-sin
s'évanouir (vp)	실신하다	sil-sin-ha-da
bleu (m)	멍	meong
bosse (f)	혹	hok
se heurter (vp)	부딪치다	bu-dit-chi-da
meurtrissure (f)	타박상	ta-bak-sang
se faire mal	타박상을 입다	ta-bak-sang-eul rip-da
boiter (vi)	절다	jeol-da
foulure (f)	탈구	tal-gu
se démettre (l'épaule, etc.)	탈구하다	tal-gu-ha-da
fracture (f)	골절	gol-jeol
avoir une fracture	골절하다	gol-jeol-ha-da
coupure (f)	베인	be-in
se couper (~ le doigt)	베다	jeol-chang-eul rip-da
hémorragie (f)	출혈	chul-hyeol

| brûlure (f) | 화상 | hwa-sang |
| se brûler (vp) | 데다 | de-da |

se piquer (le doigt)	찌르다	jji-reu-da
se piquer (vp)	찔리다	jjil-li-da
blesser (vt)	다치다	da-chi-da
blessure (f)	부상	bu-sang
plaie (f) (blessure)	부상	bu-sang
trauma (m)	정신적 외상	jeong-sin-jeok goe-sang

délirer (vi)	망상을 겪다	mang-sang-eul gyeok-da
bégayer (vi)	말을 더듬다	ma-reul deo-deum-da
insolation (f)	일사병	il-sa-byeong

65. Les symptômes. Le traitement. Partie 2

| douleur (f) | 통증 | tong-jeung |
| écharde (f) | 가시 | ga-si |

sueur (f)	땀	ttam
suer (vi)	땀이 나다	ttam-i na-da
vomissement (m)	구토	gu-to
spasmes (m pl)	경련	gyeong-nyeon

enceinte (adj)	임신한	im-sin-han
naître (vi)	태어나다	tae-eo-na-da
accouchement (m)	출산	chul-san
accoucher (vi)	낳다	na-ta
avortement (m)	낙태	nak-tae

respiration (f)	호흡	ho-heup
inhalation (f)	들숨	deul-sum
expiration (f)	날숨	nal-sum
expirer (vi)	내쉬다	nae-swi-da
inspirer (vi)	들이쉬다	deu-ri-swi-da

invalide (m)	장애인	jang-ae-in
handicapé (m)	병신	byeong-sin
drogué (m)	마약 중독자	ma-yak jung-dok-ja

sourd (adj)	귀가 먼	gwi-ga meon
muet (adj)	벙어리인	beong-eo-ri-in
sourd-muet (adj)	농아인	nong-a-in

fou (adj)	미친	mi-chin
fou (m)	광인	gwang-in
folle (f)	광인	gwang-in
devenir fou	미치다	mi-chi-da

gène (m)	유전자	yu-jeon-ja
immunité (f)	면역성	myeo-nyeok-seong
héréditaire (adj)	유전의	yu-jeon-ui
congénital (adj)	선천적인	seon-cheon-jeo-gin
virus (m)	바이러스	ba-i-reo-seu

microbe (m)	미생물	mi-saeng-mul
bactérie (f)	세균	se-gyun
infection (f)	감염	gam-nyeom

66. Les symptômes. Le traitement. Partie 3

hôpital (m)	병원	byeong-won
patient (m)	환자	hwan-ja
diagnostic (m)	진단	jin-dan
cure (f) (faire une ~)	치료	chi-ryo
se faire soigner	치료를 받다	chi-ryo-reul bat-da
traiter (un patient)	치료하다	chi-ryo-ha-da
soigner (un malade)	간호하다	gan-ho-ha-da
soins (m pl)	간호	gan-ho
opération (f)	수술	su-sul
panser (vt)	붕대를 감다	bung-dae-reul gam-da
pansement (m)	붕대	bung-dae
vaccination (f)	예방주사	ye-bang-ju-sa
vacciner (vt)	접종하다	jeop-jong-ha-da
piqûre (f)	주사	ju-sa
faire une piqûre	주사하다	ju-sa-ha-da
amputation (f)	절단	jeol-dan
amputer (vt)	절단하다	jeol-dan-ha-da
coma (m)	혼수 상태	hon-su sang-tae
être dans le coma	혼수 상태에 있다	hon-su sang-tae-e it-da
réanimation (f)	집중 치료	jip-jung chi-ryo
se rétablir (vp)	회복하다	hoe-bok-a-da
état (m) (de santé)	상태	sang-tae
conscience (f)	의식	ui-sik
mémoire (f)	기억	gi-eok
arracher (une dent)	빼다	ppae-da
plombage (m)	충전물	chung-jeon-mul
plomber (vt)	때우다	ttae-u-da
hypnose (f)	최면	choe-myeon
hypnotiser (vt)	최면을 걸다	choe-myeo-neul geol-da

67. Les médicaments. Les accessoires

médicament (m)	약	yak
remède (m)	약제	yak-je
ordonnance (f)	처방	cheo-bang
comprimé (m)	정제	jeong-je
onguent (m)	연고	yeon-go
ampoule (f)	앰플	aem-pul

mixture (f)	혼합물	hon-ham-mul
sirop (m)	물약	mul-lyak
pilule (f)	알약	a-ryak
poudre (f)	가루약	ga-ru-yak
bande (f)	거즈 붕대	geo-jeu bung-dae
coton (m) (ouate)	솜	som
iode (m)	요오드	yo-o-deu
sparadrap (m)	반창고	ban-chang-go
compte-gouttes (m)	점안기	jeom-an-gi
thermomètre (m)	체온계	che-on-gye
seringue (f)	주사기	ju-sa-gi
fauteuil (m) roulant	휠체어	hwil-che-eo
béquilles (f pl)	목발	mok-bal
anesthésique (m)	진통제	jin-tong-je
purgatif (m)	완하제	wan-ha-je
alcool (m)	알코올	al-ko-ol
herbe (f) médicinale	약초	yak-cho
d'herbes (adj)	약초의	yak-cho-ui

L'APPARTEMENT

68. L'appartement

appartement (m)	아파트	a-pa-teu
chambre (f)	방	bang
chambre (f) à coucher	침실	chim-sil
salle (f) à manger	식당	sik-dang
salon (m)	거실	geo-sil
bureau (m)	서재	seo-jae
antichambre (f)	곁방	gyeot-bang
salle (f) de bains	욕실	yok-sil
toilettes (f pl)	화장실	hwa-jang-sil
plafond (m)	천장	cheon-jang
plancher (m)	마루	ma-ru
coin (m)	구석	gu-seok

69. Les meubles. L'intérieur

meubles (m pl)	가구	ga-gu
table (f)	식탁, 테이블	sik-tak, te-i-beul
chaise (f)	의자	ui-ja
lit (m)	침대	chim-dae
canapé (m)	소파	so-pa
fauteuil (m)	안락 의자	al-lak gui-ja
bibliothèque (f) (meuble)	책장	chaek-jang
rayon (m)	책꽂이	chaek-kko-ji
armoire (f)	옷장	ot-jang
patère (f)	옷걸이	ot-geo-ri
portemanteau (m)	스탠드옷걸이	seu-taen-deu-ot-geo-ri
commode (f)	서랍장	seo-rap-jang
table (f) basse	커피 테이블	keo-pi te-i-beul
miroir (m)	거울	geo-ul
tapis (m)	양탄자	yang-tan-ja
petit tapis (m)	러그	reo-geu
cheminée (f)	벽난로	byeong-nan-no
bougie (f)	초	cho
chandelier (m)	촛대	chot-dae
rideaux (m pl)	커튼	keo-teun
papier (m) peint	벽지	byeok-ji

jalousie (f)	블라인드	beul-la-in-deu
lampe (f) de table	테이블 램프	deung
applique (f)	벽등	byeok-deung
lampadaire (m)	플로어 스탠드	peul-lo-eo seu-taen-deu
lustre (m)	샹들리에	syang-deul-li-e

pied (m) (~ de la table)	다리	da-ri
accoudoir (m)	팔걸이	pal-geo-ri
dossier (m)	등받이	deung-ba-ji
tiroir (m)	서랍	seo-rap

70. La literie

linge (m) de lit	침구	chim-gu
oreiller (m)	베개	be-gae
taie (f) d'oreiller	베갯잇	be-gaen-nit
couverture (f)	이불	i-bul
drap (m)	시트	si-teu
couvre-lit (m)	침대보	chim-dae-bo

71. La cuisine

cuisine (f)	부엌	bu-eok
gaz (m)	가스	ga-seu
cuisinière (f) à gaz	가스 레인지	ga-seu re-in-ji
cuisinière (f) électrique	전기 레인지	jeon-gi re-in-ji
four (m)	오븐	o-beun
four (m) micro-ondes	전자 레인지	jeon-ja re-in-ji

réfrigérateur (m)	냉장고	naeng-jang-go
congélateur (m)	냉동고	naeng-dong-go
lave-vaisselle (m)	식기 세척기	sik-gi se-cheok-gi

hachoir (m) à viande	고기 분쇄기	go-gi bun-swae-gi
centrifugeuse (f)	과즙기	gwa-jeup-gi
grille-pain (m)	토스터	to-seu-teo
batteur (m)	믹서기	mik-seo-gi

machine (f) à café	커피 메이커	keo-pi me-i-keo
cafetière (f)	커피 주전자	keo-pi ju-jeon-ja
moulin (m) à café	커피 그라인더	keo-pi geu-ra-in-deo

bouilloire (f)	주전자	ju-jeon-ja
théière (f)	티팟	ti-pat
couvercle (m)	뚜껑	ttu-kkeong
passoire (f) à thé	차거름망	cha-geo-reum-mang

cuillère (f)	숟가락	sut-ga-rak
petite cuillère (f)	티스푼	ti-seu-pun
cuillère (f) à soupe	숟가락	sut-ga-rak
fourchette (f)	포크	po-keu
couteau (m)	칼	kal

vaisselle (f)	식기	sik-gi
assiette (f)	접시	jeop-si
soucoupe (f)	받침 접시	bat-chim jeop-si
verre (m) à shot	소주잔	so-ju-jan
verre (m) (~ d'eau)	유리잔	yu-ri-jan
tasse (f)	컵	keop
sucrier (m)	설탕그릇	seol-tang-geu-reut
salière (f)	소금통	so-geum-tong
poivrière (f)	후추통	hu-chu-tong
beurrier (m)	버터 접시	beo-teo jeop-si
casserole (f)	냄비	naem-bi
poêle (f)	프라이팬	peu-ra-i-paen
louche (f)	국자	guk-ja
passoire (f)	체	che
plateau (m)	쟁반	jaeng-ban
bouteille (f)	병	byeong
bocal (m) (à conserves)	유리병	yu-ri-byeong
boîte (f) en fer-blanc	캔, 깡통	kaen, kkang-tong
ouvre-bouteille (m)	병따개	byeong-tta-gae
ouvre-boîte (m)	깡통 따개	kkang-tong tta-gae
tire-bouchon (m)	코르크 마개 뽑이	ko-reu-keu ma-gae ppo-bi
filtre (m)	필터	pil-teo
filtrer (vt)	여과하다	yeo-gwa-ha-da
ordures (f pl)	쓰레기	sseu-re-gi
poubelle (f)	쓰레기통	sseu-re-gi-tong

72. La salle de bains

salle (f) de bains	욕실	yok-sil
eau (f)	물	mul
robinet (m)	수도꼭지	su-do-kkok-ji
eau (f) chaude	온수	on-su
eau (f) froide	냉수	naeng-su
dentifrice (m)	치약	chi-yak
se brosser les dents	이를 닦다	i-reul dak-da
se raser (vp)	깎다	kkak-da
mousse (f) à raser	면도 크림	myeon-do keu-rim
rasoir (m)	면도기	myeon-do-gi
laver (vt)	씻다	ssit-da
se laver (vp)	목욕하다	mo-gyok-a-da
douche (f)	샤워	sya-wo
prendre une douche	샤워하다	sya-wo-ha-da
baignoire (f)	욕조	yok-jo
cuvette (f)	변기	byeon-gi

lavabo (m)	세면대	se-myeon-dae
savon (m)	비누	bi-nu
porte-savon (m)	비누 그릇	bi-nu geu-reut
éponge (f)	스펀지	seu-peon-ji
shampooing (m)	샴푸	syam-pu
serviette (f)	수건	su-geon
peignoir (m) de bain	목욕가운	mo-gyok-ga-un
lessive (f) (faire la ~)	빨래	ppal-lae
machine (f) à laver	세탁기	se-tak-gi
faire la lessive	빨래하다	ppal-lae-ha-da
lessive (f) (poudre)	가루세제	ga-ru-se-je

73. Les appareils électroménagers

téléviseur (m)	텔레비전	tel-le-bi-jeon
magnétophone (m)	카세트 플레이어	ka-se-teu peul-le-i-eo
magnétoscope (m)	비디오테이프 녹화기	bi-di-o-te-i-peu nok-wa-gi
radio (f)	라디오	ra-di-o
lecteur (m)	플레이어	peul-le-i-eo
vidéoprojecteur (m)	프로젝터	peu-ro-jek-teo
home cinéma (m)	홈씨어터	hom-ssi-eo-teo
lecteur DVD (m)	디비디 플레이어	di-bi-di peul-le-i-eo
amplificateur (m)	앰프	aem-peu
console (f) de jeux	게임기	ge-im-gi
caméscope (m)	캠코더	kaem-ko-deo
appareil (m) photo	카메라	ka-me-ra
appareil (m) photo numérique	디지털 카메라	di-ji-teol ka-me-ra
aspirateur (m)	진공 청소기	jin-gong cheong-so-gi
fer (m) à repasser	다리미	da-ri-mi
planche (f) à repasser	다림질 판	da-rim-jil pan
téléphone (m)	전화	jeon-hwa
portable (m)	휴대폰	hyu-dae-pon
machine (f) à écrire	타자기	ta-ja-gi
machine (f) à coudre	재봉틀	jae-bong-teul
micro (m)	마이크	ma-i-keu
écouteurs (m pl)	헤드폰	he-deu-pon
télécommande (f)	원격 조종	won-gyeok jo-jong
CD (m)	씨디	ssi-di
cassette (f)	테이프	te-i-peu
disque (m) (vinyle)	레코드 판	re-ko-deu pan

LA TERRE. LE TEMPS

74. L'espace cosmique

cosmos (m)	우주	u-ju
cosmique (adj)	우주의	u-ju-ui
espace (m) cosmique	우주 공간	u-ju gong-gan
monde (m)	세계	se-gye
univers (m)	우주	u-ju
galaxie (f)	은하	eun-ha
étoile (f)	별, 항성	byeol, hang-seong
constellation (f)	별자리	byeol-ja-ri
planète (f)	행성	haeng-seong
satellite (m)	인공위성	in-gong-wi-seong
météorite (m)	운석	un-seok
comète (f)	혜성	hye-seong
astéroïde (m)	소행성	so-haeng-seong
orbite (f)	궤도	gwe-do
tourner (vi)	회전한다	hoe-jeon-han-da
atmosphère (f)	대기	dae-gi
Soleil (m)	태양	tae-yang
système (m) solaire	태양계	tae-yang-gye
éclipse (f) de soleil	일식	il-sik
Terre (f)	지구	ji-gu
Lune (f)	달	dal
Mars (m)	화성	hwa-seong
Vénus (f)	금성	geum-seong
Jupiter (m)	목성	mok-seong
Saturne (m)	토성	to-seong
Mercure (m)	수성	su-seong
Uranus (m)	천왕성	cheon-wang-seong
Neptune	해왕성	hae-wang-seong
Pluton (m)	명왕성	myeong-wang-seong
la Voie Lactée	은하수	eun-ha-su
la Grande Ours	큰곰자리	keun-gom-ja-ri
la Polaire	북극성	buk-geuk-seong
martien (m)	화성인	hwa-seong-in
extraterrestre (m)	외계인	oe-gye-in
alien (m)	외계인	oe-gye-in
soucoupe (f) volante	비행 접시	bi-haeng jeop-si
vaisseau (m) spatial	우주선	u-ju-seon

station (f) orbitale	우주 정거장	u-ju jeong-nyu-jang
moteur (m)	엔진	en-jin
tuyère (f)	노즐	no-jeul
carburant (m)	연료	yeol-lyo
cabine (f)	조종석	jo-jong-seok
antenne (f)	안테나	an-te-na
hublot (m)	현창	hyeon-chang
batterie (f) solaire	태양 전지	tae-yang jeon-ji
scaphandre (m)	우주복	u-ju-bok
apesanteur (f)	무중력	mu-jung-nyeok
oxygène (m)	산소	san-so
arrimage (m)	도킹	do-king
s'arrimer à ...	도킹하다	do-king-ha-da
observatoire (m)	천문대	cheon-mun-dae
télescope (m)	망원경	mang-won-gyeong
observer (vt)	관찰하다	gwan-chal-ha-da
explorer (un cosmos)	탐험하다	tam-heom-ha-da

75. La Terre

Terre (f)	지구	ji-gu
globe (m) terrestre	지구	ji-gu
planète (f)	행성	haeng-seong
atmosphère (f)	대기	dae-gi
géographie (f)	지리학	ji-ri-hak
nature (f)	자연	ja-yeon
globe (m) de table	지구의	ji-gu-ui
carte (f)	지도	ji-do
atlas (m)	지도첩	ji-do-cheop
Europe (f)	유럽	yu-reop
Asie (f)	아시아	a-si-a
Afrique (f)	아프리카	a-peu-ri-ka
Australie (f)	호주	ho-ju
Amérique (f)	아메리카 대륙	a-me-ri-ka dae-ryuk
Amérique (f) du Nord	북아메리카	bu-ga-me-ri-ka
Amérique (f) du Sud	남아메리카	nam-a-me-ri-ka
l'Antarctique (m)	남극 대륙	nam-geuk dae-ryuk
l'Arctique (m)	극지방	geuk-ji-bang

76. Les quatre parties du monde

nord (m)	북쪽	buk-jjok
vers le nord	북쪽으로	buk-jjo-geu-ro

au nord	북쪽에	buk-jjo-ge
du nord (adj)	북쪽의	buk-jjo-gui
sud (m)	남쪽	nam-jjok
vers le sud	남쪽으로	nam-jjo-geu-ro
au sud	남쪽에	nam-jjo-ge
du sud (adj)	남쪽의	nam-jjo-gui
ouest (m)	서쪽	seo-jjok
vers l'occident	서쪽으로	seo-jjo-geu-ro
à l'occident	서쪽에	seo-jjo-ge
occidental (adj)	서쪽의	seo-jjo-gui
est (m)	동쪽	dong-jjok
vers l'orient	동쪽으로	dong-jjo-geu-ro
à l'orient	동쪽에	dong-jjo-ge
oriental (adj)	동쪽의	dong-jjo-gui

77. Les océans et les mers

mer (f)	바다	ba-da
océan (m)	대양	dae-yang
golfe (m)	만	man
détroit (m)	해협	hae-hyeop
continent (m)	대륙	dae-ryuk
île (f)	섬	seom
presqu'île (f)	반도	ban-do
archipel (m)	군도	gun-do
baie (f)	만	man
port (m)	항구	hang-gu
lagune (f)	석호	seok-o
cap (m)	곶	got
atoll (m)	환초	hwan-cho
récif (m)	암초	am-cho
corail (m)	산호	san-ho
récif (m) de corail	산호초	san-ho-cho
profond (adj)	깊은	gi-peun
profondeur (f)	깊이	gi-pi
fosse (f) océanique	해구	hae-gu
courant (m)	해류	hae-ryu
baigner (vt) (mer)	둘러싸다	dul-leo-ssa-da
littoral (m)	해변	hae-byeon
côte (f)	바닷가	ba-dat-ga
marée (f) haute	밀물	mil-mul
marée (f) basse	썰물	sseol-mul
banc (m) de sable	모래톱	mo-rae-top
fond (m)	해저	hae-jeo

vague (f)	파도	pa-do
crête (f) de la vague	물마루	mul-ma-ru
mousse (f)	거품	geo-pum
ouragan (m)	허리케인	heo-ri-ke-in
tsunami (m)	해일	hae-il
calme (m)	고요함	go-yo-ham
calme (tranquille)	고요한	go-yo-han
pôle (m)	극	geuk
polaire (adj)	극지의	geuk-ji-ui
latitude (f)	위도	wi-do
longitude (f)	경도	gyeong-do
parallèle (f)	위도선	wi-do-seon
équateur (m)	적도	jeok-do
ciel (m)	하늘	ha-neul
horizon (m)	수평선	su-pyeong-seon
air (m)	공기	gong-gi
phare (m)	등대	deung-dae
plonger (vi)	뛰어들다	ttwi-eo-deul-da
sombrer (vi)	가라앉다	ga-ra-an-da
trésor (m)	보물	bo-mul

78. Les noms des mers et des océans

océan (m) Atlantique	대서양	dae-seo-yang
océan (m) Indien	인도양	in-do-yang
océan (m) Pacifique	태평양	tae-pyeong-yang
océan (m) Glacial	북극해	buk-geuk-ae
mer (f) Noire	흑해	heuk-ae
mer (f) Rouge	홍해	hong-hae
mer (f) Jaune	황해	hwang-hae
mer (f) Blanche	백해	baek-ae
mer (f) Caspienne	카스피 해	ka-seu-pi hae
mer (f) Morte	사해	sa-hae
mer (f) Méditerranée	지중해	ji-jung-hae
mer (f) Égée	에게 해	e-ge hae
mer (f) Adriatique	아드리아 해	a-deu-ri-a hae
mer (f) Arabique	아라비아 해	a-ra-bi-a hae
mer (f) du Japon	동해	dong-hae
mer (f) de Béring	베링 해	be-ring hae
mer (f) de Chine Méridionale	남중국해	nam-jung-guk-ae
mer (f) de Corail	산호해	san-ho-hae
mer (f) de Tasman	태즈먼 해	tae-jeu-meon hae
mer (f) Caraïbe	카리브 해	ka-ri-beu hae
mer (f) de Barents	바렌츠 해	ba-ren-cheu hae

mer (f) de Kara	카라 해	ka-ra hae
mer (f) du Nord	북해	buk-ae
mer (f) Baltique	발트 해	bal-teu hae
mer (f) de Norvège	노르웨이 해	no-reu-we-i hae

79. Les montagnes

montagne (f)	산	san
chaîne (f) de montagnes	산맥	san-maek
crête (f)	능선	neung-seon
sommet (m)	정상	jeong-sang
pic (m)	봉우리	bong-u-ri
pied (m)	기슭	gi-seuk
pente (f)	경사면	gyeong-sa-myeon
volcan (m)	화산	hwa-san
volcan (m) actif	활화산	hwal-hwa-san
volcan (m) éteint	사화산	sa-hwa-san
éruption (f)	폭발	pok-bal
cratère (m)	분화구	bun-hwa-gu
magma (m)	마그마	ma-geu-ma
lave (f)	용암	yong-am
en fusion (lave ~)	녹은	no-geun
canyon (m)	협곡	hyeop-gok
défilé (m) (gorge)	협곡	hyeop-gok
crevasse (f)	갈라진	gal-la-jin
col (m) de montagne	산길	san-gil
plateau (m)	고원	go-won
rocher (m)	절벽	jeol-byeok
colline (f)	언덕, 작은 산	eon-deok, ja-geun san
glacier (m)	빙하	bing-ha
chute (f) d'eau	폭포	pok-po
geyser (m)	간헐천	gan-heol-cheon
lac (m)	호수	ho-su
plaine (f)	평원	pyeong-won
paysage (m)	경관	gyeong-gwan
écho (m)	메아리	me-a-ri
alpiniste (m)	등산가	deung-san-ga
varappeur (m)	암벽 등반가	am-byeok deung-ban-ga
conquérir (vt)	정복하다	jeong-bok-a-da
ascension (f)	등반	deung-ban

80. Les noms des chaînes de montagne

Alpes (f pl)	알프스 산맥	al-peu-seu san-maek
Mont Blanc (m)	몽블랑 산	mong-beul-lang san

Pyrénées (f pl)	피레네 산맥	pi-re-ne san-maek
Carpates (f pl)	카르파티아 산맥	ka-reu-pa-ti-a san-maek
Monts Oural (m pl)	우랄 산맥	u-ral san-maek
Caucase (m)	코카서스 산맥	ko-ka-seo-seu san-maek
Elbrous (m)	엘브루스 산	el-beu-ru-seu san
Altaï (m)	알타이 산맥	al-ta-i san-maek
Tian Chan (m)	톈샨 산맥	ten-syan san-maek
Pamir (m)	파미르 고원	pa-mi-reu go-won
Himalaya (m)	히말라야 산맥	hi-mal-la-ya san-maek
Everest (m)	에베레스트 산	e-be-re-seu-teu san
Andes (f pl)	안데스 산맥	an-de-seu san-maek
Kilimandjaro (m)	킬리만자로 산	kil-li-man-ja-ro san

81. Les fleuves

rivière (f), fleuve (m)	강	gang
source (f)	샘	saem
lit (m) (d'une rivière)	강바닥	gang-ba-dak
bassin (m)	유역	yu-yeok
se jeter dans ...	··· 로 흘러가다	... ro heul-leo-ga-da
affluent (m)	지류	ji-ryu
rive (f)	둑	duk
courant (m)	흐름	heu-reum
en aval	하류로	gang ha-ryu-ro
en amont	상류로	sang-nyu-ro
inondation (f)	홍수	hong-su
les grandes crues	홍수	hong-su
déborder (vt)	범람하다	beom-nam-ha-da
inonder (vt)	범람하다	beom-nam-ha-da
bas-fond (m)	얕은 곳	ya-teun got
rapide (m)	여울	yeo-ul
barrage (m)	댐	daem
canal (m)	운하	un-ha
lac (m) de barrage	저수지	jeo-su-ji
écluse (f)	수문	su-mun
plan (m) d'eau	저장 수량	jeo-jang su-ryang
marais (m)	늪, 소택지	neup, so-taek-ji
fondrière (f)	수렁	su-reong
tourbillon (m)	소용돌이	so-yong-do-ri
ruisseau (m)	개울, 시내	gae-ul, si-nae
potable (adj)	마실 수 있는	ma-sil su in-neun
douce (l'eau ~)	민물의	min-mu-rui
glace (f)	얼음	eo-reum
être gelé	얼다	eol-da

82. Les noms des fleuves

Seine (f)	센 강	sen gang
Loire (f)	루아르 강	ru-a-reu gang
Tamise (f)	템스 강	tem-seu gang
Rhin (m)	라인 강	ra-in gang
Danube (m)	도나우 강	do-na-u gang
Volga (f)	볼가 강	bol-ga gang
Don (m)	돈 강	don gang
Lena (f)	레나 강	re-na gang
Huang He (m)	황허강	hwang-heo-gang
Yangzi Jiang (m)	양자강	yang-ja-gang
Mékong (m)	메콩 강	me-kong gang
Gange (m)	갠지스 강	gaen-ji-seu gang
Nil (m)	나일 강	na-il gang
Congo (m)	콩고 강	kong-go gang
Okavango (m)	오카방고 강	o-ka-bang-go gang
Zambèze (m)	잠베지 강	jam-be-ji gang
Limpopo (m)	림포포 강	rim-po-po gang

83. La forêt

forêt (f)	숲	sup
forestier (adj)	산림의	sal-li-mui
fourré (m)	밀림	mil-lim
bosquet (m)	작은 숲	ja-geun sup
clairière (f)	빈터	bin-teo
broussailles (f pl)	덤불	deom-bul
taillis (m)	관목지	gwan-mok-ji
sentier (m)	오솔길	o-sol-gil
ravin (m)	도랑	do-rang
arbre (m)	나무	na-mu
feuille (f)	잎	ip
feuillage (m)	나뭇잎	na-mun-nip
chute (f) de feuilles	낙엽	na-gyeop
tomber (feuilles)	떨어지다	tteo-reo-ji-da
rameau (m)	가지	ga-ji
branche (f)	큰 가지	keun ga-ji
bourgeon (m)	잎눈	im-nun
aiguille (f)	바늘	ba-neul
pomme (f) de pin	솔방울	sol-bang-ul
creux (m)	구멍	gu-meong
nid (m)	둥지	dung-ji

terrier (m) (~ d'un renard)	굴	gul
tronc (m)	몸통	mom-tong
racine (f)	뿌리	ppu-ri
écorce (f)	껍질	kkeop-jil
mousse (f)	이끼	i-kki

déraciner (vt)	수목을 통째 뽑다	su-mo-geul tong-jjae ppop-da
abattre (un arbre)	자르다	ja-reu-da
déboiser (vt)	삼림을 없애다	sam-ni-meul reop-sae-da
souche (f)	그루터기	geu-ru-teo-gi

feu (m) de bois	모닥불	mo-dak-bul
incendie (m)	산불	san-bul
éteindre (feu)	끄다	kkeu-da

garde (m) forestier	산림경비원	sal-lim-gyeong-bi-won
protection (f)	보호	bo-ho
protéger (vt)	보호하다	bo-ho-ha-da
braconnier (m)	밀렵자	mil-lyeop-ja
piège (m) à mâchoires	덫	deot

| cueillir (vt) | 따다 | tta-da |
| s'égarer (vp) | 길을 잃다 | gi-reul ril-ta |

84. Les ressources naturelles

ressources (f pl) naturelles	천연 자원	cheo-nyeon ja-won
gisement (m)	매장량	mae-jang-nyang
champ (m) (~ pétrolifère)	지역	ji-yeok

extraire (vt)	채광하다	chae-gwang-ha-da
extraction (f)	막장일	mak-jang-il
minerai (m)	광석	gwang-seok
mine (f) (site)	광산	gwang-san
puits (m) de mine	갱도	gaeng-do
mineur (m)	광부	gwang-bu

| gaz (m) | 가스 | ga-seu |
| gazoduc (m) | 가스관 | ga-seu-gwan |

pétrole (m)	석유	seo-gyu
pipeline (m)	석유 파이프라인	seo-gyu pa-i-peu-ra-in
tour (f) de forage	유정	yu-jeong
derrick (m)	유정탑	yu-jeong-tap
pétrolier (m)	유조선	yu-jo-seon

sable (m)	모래	mo-rae
calcaire (m)	석회석	seok-oe-seok
gravier (m)	자갈	ja-gal
tourbe (f)	토탄	to-tan
argile (f)	점토	jeom-to
charbon (m)	석탄	seok-tan
fer (m)	철	cheol
or (m)	금	geum

argent (m)	은	eun
nickel (m)	니켈	ni-kel
cuivre (m)	구리	gu-ri

zinc (m)	아연	a-yeon
manganèse (m)	망간	mang-gan
mercure (m)	수은	su-eun
plomb (m)	납	nap

minéral (m)	광물	gwang-mul
cristal (m)	수정	su-jeong
marbre (m)	대리석	dae-ri-seok
uranium (m)	우라늄	u-ra-nyum

85. Le temps

temps (m)	날씨	nal-ssi
météo (f)	일기 예보	il-gi ye-bo
température (f)	온도	on-do
thermomètre (m)	온도계	on-do-gye
baromètre (m)	기압계	gi-ap-gye

humidité (f)	습함, 습기	seu-pam, seup-gi
chaleur (f) (canicule)	더위	deo-wi
torride (adj)	더운	deo-un
il fait très chaud	덥다	deop-da

| il fait chaud | 따뜻하다 | tta-tteu-ta-da |
| chaud (modérément) | 따뜻한 | tta-tteu-tan |

| il fait froid | 춥다 | chup-da |
| froid (adj) | 추운 | chu-un |

soleil (m)	해	hae
briller (soleil)	빛나다	bin-na-da
ensoleillé (jour ~)	화창한	hwa-chang-han
se lever (vp)	뜨다	tteu-da
se coucher (vp)	지다	ji-da

nuage (m)	구름	gu-reum
nuageux (adj)	구름의	gu-reum-ui
sombre (adj)	흐린	heu-rin

pluie (f)	비	bi
il pleut	비가 오다	bi-ga o-da
pluvieux (adj)	비가 오는	bi-ga o-neun
bruiner (v imp)	이슬비가 내리다	i-seul-bi-ga nae-ri-da

pluie (f) torrentielle	억수	eok-su
averse (f)	호우	ho-u
forte (la pluie ~)	심한	sim-han
flaque (f)	웅덩이	ung-deong-i
se faire mouiller	젖다	jeot-da
brouillard (m)	안개	an-gae

brumeux (adj)	안개가 자욱한	an-gae-ga ja-uk-an
neige (f)	눈	nun
il neige	눈이 오다	nun-i o-da

86. Les intempéries. Les catastrophes naturelles

orage (m)	뇌우	noe-u
éclair (m)	번개	beon-gae
éclater (foudre)	번쩍이다	beon-jjeo-gi-da
tonnerre (m)	천둥	cheon-dung
gronder (tonnerre)	천둥이 치다	cheon-dung-i chi-da
le tonnerre gronde	천둥이 치다	cheon-dung-i chi-da
grêle (f)	싸락눈	ssa-rang-nun
il grêle	싸락눈이 내리다	ssa-rang-nun-i nae-ri-da
inonder (vt)	범람하다	beom-nam-ha-da
inondation (f)	홍수	hong-su
tremblement (m) de terre	지진	ji-jin
secousse (f)	진동	jin-dong
épicentre (m)	진앙	jin-ang
éruption (f)	폭발	pok-bal
lave (f)	용암	yong-am
tourbillon (m)	회오리바람	hoe-o-ri-ba-ram
tornade (f)	토네이도	to-ne-i-do
typhon (m)	태풍	tae-pung
ouragan (m)	허리케인	heo-ri-ke-in
tempête (f)	폭풍우	pok-pung-u
tsunami (m)	해일	hae-il
incendie (m)	불	bul
catastrophe (f)	재해	jae-hae
météorite (m)	운석	un-seok
avalanche (f)	눈사태	nun-sa-tae
éboulement (m)	눈사태	nun-sa-tae
blizzard (m)	눈보라	nun-bo-ra
tempête (f) de neige	눈보라	nun-bo-ra

LA FAUNE

87. Les mammifères. Les prédateurs

prédateur (m)	육식 동물	yuk-sik dong-mul
tigre (m)	호랑이	ho-rang-i
lion (m)	사자	sa-ja
loup (m)	이리	i-ri
renard (m)	여우	yeo-u
jaguar (m)	재규어	jae-gyu-eo
léopard (m)	표범	pyo-beom
guépard (m)	치타	chi-ta
puma (m)	퓨마	pyu-ma
léopard (m) de neiges	눈표범	nun-pyo-beom
lynx (m)	스라소니	seu-ra-so-ni
coyote (m)	코요테	ko-yo-te
chacal (m)	재칼	jae-kal
hyène (f)	하이에나	ha-i-e-na

88. Les animaux sauvages

animal (m)	동물	dong-mul
bête (f)	짐승	jim-seung
écureuil (m)	다람쥐	da-ram-jwi
hérisson (m)	고슴도치	go-seum-do-chi
lièvre (m)	토끼	to-kki
lapin (m)	굴토끼	gul-to-kki
blaireau (m)	오소리	o-so-ri
raton (m)	너구리	neo-gu-ri
hamster (m)	햄스터	haem-seu-teo
marmotte (f)	마멋	ma-meot
taupe (f)	두더지	du-deo-ji
souris (f)	생쥐	saeng-jwi
rat (m)	시궁쥐	si-gung-jwi
chauve-souris (f)	박쥐	bak-jwi
hermine (f)	복방족제비	buk-bang-jok-je-bi
zibeline (f)	검은담비	geo-meun-dam-bi
martre (f)	담비	dam-bi
vison (m)	밍크	ming-keu
castor (m)	비버	bi-beo
loutre (f)	수달	su-dal

cheval (m)	말	mal
élan (m)	엘크, 무스	el-keu, mu-seu
cerf (m)	사슴	sa-seum
chameau (m)	낙타	nak-ta
bison (m)	미국들소	mi-guk-deul-so
aurochs (m)	유럽들소	yu-reop-deul-so
buffle (m)	물소	mul-so
zèbre (m)	얼룩말	eol-lung-mal
antilope (f)	영양	yeong-yang
chevreuil (m)	노루	no-ru
biche (f)	다마사슴	da-ma-sa-seum
chamois (m)	샤모아	sya-mo-a
sanglier (m)	멧돼지	met-dwae-ji
baleine (f)	고래	go-rae
phoque (m)	바다표범	ba-da-pyo-beom
morse (m)	바다코끼리	ba-da-ko-kki-ri
ours (m) de mer	물개	mul-gae
dauphin (m)	돌고래	dol-go-rae
ours (m)	곰	gom
ours (m) blanc	북극곰	buk-geuk-gom
panda (m)	판다	pan-da
singe (m)	원숭이	won-sung-i
chimpanzé (m)	침팬지	chim-paen-ji
orang-outang (m)	오랑우탄	o-rang-u-tan
gorille (m)	고릴라	go-ril-la
macaque (m)	마카크	ma-ka-keu
gibbon (m)	긴팔원숭이	gin-pa-rwon-sung-i
éléphant (m)	코끼리	ko-kki-ri
rhinocéros (m)	코뿔소	ko-ppul-so
girafe (f)	기린	gi-rin
hippopotame (m)	하마	ha-ma
kangourou (m)	캥거루	kaeng-geo-ru
koala (m)	코알라	ko-al-la
mangouste (f)	몽구스	mong-gu-seu
chinchilla (m)	친칠라	chin-chil-la
mouffette (f)	스컹크	seu-keong-keu
porc-épic (m)	호저	ho-jeo

89. Les animaux domestiques

chat (m) (femelle)	고양이	go-yang-i
chat (m) (mâle)	수고양이	su-go-yang-i
cheval (m)	말	mal
étalon (m)	수말, 종마	su-mal, jong-ma
jument (f)	암말	am-mal

vache (f)	암소	am-so
taureau (m)	황소	hwang-so
bœuf (m)	수소	su-so
brebis (f)	양, 암양	yang, a-myang
mouton (m)	수양	su-yang
chèvre (f)	염소	yeom-so
bouc (m)	숫염소	sun-nyeom-so
âne (m)	당나귀	dang-na-gwi
mulet (m)	노새	no-sae
cochon (m)	돼지	dwae-ji
pourceau (m)	돼지 새끼	dwae-ji sae-kki
lapin (m)	집토끼	jip-to-kki
poule (f)	암탉	am-tak
coq (m)	수탉	su-tak
canard (m)	집오리	ji-bo-ri
canard (m) mâle	수오리	su-o-ri
oie (f)	집거위	jip-geo-wi
dindon (m)	수칠면조	su-chil-myeon-jo
dinde (f)	칠면조	chil-myeon-jo
animaux (m pl) domestiques	가축	ga-chuk
apprivoisé (adj)	길들여진	gil-deu-ryeo-jin
apprivoiser (vt)	길들이다	gil-deu-ri-da
élever (vt)	사육하다, 기르다	sa-yuk-a-da, gi-reu-da
ferme (f)	농장	nong-jang
volaille (f)	가금	ga-geum
bétail (m)	가축	ga-chuk
troupeau (m)	떼	tte
écurie (f)	마구간	ma-gu-gan
porcherie (f)	돼지 우리	dwae-ji u-ri
vacherie (f)	외양간	oe-yang-gan
cabane (f) à lapins	토끼장	to-kki-jang
poulailler (m)	닭장	dak-jang

90. Les oiseaux

oiseau (m)	새	sae
pigeon (m)	비둘기	bi-dul-gi
moineau (m)	참새	**cham-sae**
mésange (f)	박새	bak-sae
pie (f)	까치	kka-chi
corbeau (m)	갈가마귀	gal-ga-ma-gwi
corneille (f)	까마귀	kka-ma-gwi
choucas (m)	갈가마귀	gal-ga-ma-gwi
freux (m)	떼까마귀	ttae-kka-ma-gwi

canard (m)	오리	o-ri
oie (f)	거위	geo-wi
faisan (m)	꿩	kkwong
aigle (m)	독수리	dok-su-ri
épervier (m)	매	mae
faucon (m)	매	mae
vautour (m)	독수리, 콘도르	dok-su-ri, kon-do-reu
condor (m)	콘도르	kon-do-reu
cygne (m)	백조	baek-jo
grue (f)	두루미	du-ru-mi
cigogne (f)	황새	hwang-sae
perroquet (m)	앵무새	aeng-mu-sae
colibri (m)	벌새	beol-sae
paon (m)	공작	gong-jak
autruche (f)	타조	ta-jo
héron (m)	왜가리	wae-ga-ri
flamant (m)	플라밍고	peul-la-ming-go
pélican (m)	펠리컨	pel-li-keon
rossignol (m)	나이팅게일	na-i-ting-ge-il
hirondelle (f)	제비	je-bi
merle (m)	지빠귀	ji-ppa-gwi
grive (f)	노래지빠귀	no-rae-ji-ppa-gwi
merle (m) noir	대륙검은지빠귀	dae-ryuk-geo-meun-ji-ppa-gwi
martinet (m)	칼새	kal-sae
alouette (f) des champs	종다리	jong-da-ri
caille (f)	메추라기	me-chu-ra-gi
pivert (m)	딱따구리	ttak-tta-gu-ri
coucou (m)	빼꾸기	ppeo-kku-gi
chouette (f)	올빼미	ol-ppae-mi
hibou (m)	수리부엉이	su-ri-bu-eong-i
tétras (m)	큰뇌조	keun-noe-jo
tétras-lyre (m)	멧닭	met-dak
perdrix (f)	자고	ja-go
étourneau (m)	찌르레기	jji-reu-re-gi
canari (m)	카나리아	ka-na-ri-a
pinson (m)	되새	doe-sae
bouvreuil (m)	피리새	pi-ri-sae
mouette (f)	갈매기	gal-mae-gi
albatros (m)	신천옹	sin-cheon-ong
pingouin (m)	펭귄	peng-gwin

91. Les poissons. Les animaux marins

brème (f)	도미류	do-mi-ryu
carpe (f)	잉어	ing-eo

perche (f)	농어의 일종	nong-eo-ui il-jong
silure (m)	메기	me-gi
brochet (m)	북부민물꼬치고기	buk-bu-min-mul-kko-chi-go-gi
saumon (m)	연어	yeon-eo
esturgeon (m)	철갑상어	cheol-gap-sang-eo
hareng (m)	청어	cheong-eo
saumon (m) atlantique	대서양 연어	dae-seo-yang yeon-eo
maquereau (m)	고등어	go-deung-eo
flet (m)	넙치	neop-chi
morue (f)	대구	dae-gu
thon (m)	참치	cham-chi
truite (f)	송어	song-eo
anguille (f)	뱀장어	baem-jang-eo
torpille (f)	시끈가오리	si-kkeun-ga-o-ri
murène (f)	곰치	gom-chi
piranha (m)	피라니아	pi-ra-ni-a
requin (m)	상어	sang-eo
dauphin (m)	돌고래	dol-go-rae
baleine (f)	고래	go-rae
crabe (m)	게	ge
méduse (f)	해파리	hae-pa-ri
pieuvre (f), poulpe (m)	낙지	nak-ji
étoile (f) de mer	불가사리	bul-ga-sa-ri
oursin (m)	성게	seong-ge
hippocampe (m)	해마	hae-ma
huître (f)	굴	gul
crevette (f)	새우	sae-u
homard (m)	바닷가재	ba-dat-ga-jae
langoustine (f)	대하	dae-ha

92. Les amphibiens. Les reptiles

serpent (m)	뱀	baem
venimeux (adj)	독이 있는	do-gi in-neun
vipère (f)	살무사	sal-mu-sa
cobra (m)	코브라	ko-beu-ra
python (m)	비단뱀	bi-dan-baem
boa (m)	보아	bo-a
couleuvre (f)	풀뱀	pul-baem
serpent (m) à sonnettes	방울뱀	bang-ul-baem
anaconda (m)	아나콘다	a-na-kon-da
lézard (m)	도마뱀	do-ma-baem
iguane (m)	이구아나	i-gu-a-na

salamandre (f)	도롱뇽	do-rong-nyong
caméléon (m)	카멜레온	ka-mel-le-on
scorpion (m)	전갈	jeon-gal
tortue (f)	거북	geo-buk
grenouille (f)	개구리	gae-gu-ri
crapaud (m)	두꺼비	du-kkeo-bi
crocodile (m)	악어	a-geo

93. Les insectes

insecte (m)	곤충	gon-chung
papillon (m)	나비	na-bi
fourmi (f)	개미	gae-mi
mouche (f)	파리	pa-ri
moustique (m)	모기	mo-gi
scarabée (m)	딱정벌레	ttak-jeong-beol-le
guêpe (f)	말벌	mal-beol
abeille (f)	꿀벌	kkul-beol
bourdon (m)	호박벌	ho-bak-beol
œstre (m)	쇠파리	soe-pa-ri
araignée (f)	거미	geo-mi
toile (f) d'araignée	거미줄	geo-mi-jul
libellule (f)	잠자리	jam-ja-ri
sauterelle (f)	메뚜기	me-ttu-gi
papillon (m)	나방	na-bang
cafard (m)	바퀴벌레	ba-kwi-beol-le
tique (f)	진드기	jin-deu-gi
puce (f)	벼룩	byeo-ruk
moucheron (m)	깔따구	kkal-tta-gu
criquet (m)	메뚜기	me-ttu-gi
escargot (m)	달팽이	dal-paeng-i
grillon (m)	귀뚜라미	gwi-ttu-ra-mi
luciole (f)	개똥벌레	gae-ttong-beol-le
coccinelle (f)	무당벌레	mu-dang-beol-le
hanneton (m)	왕풍뎅이	wang-pung-deng-i
sangsue (f)	거머리	geo-meo-ri
chenille (f)	애벌레	ae-beol-le
ver (m)	지렁이	ji-reong-i
larve (f)	애벌레	ae-beol-le

LA FLORE

94. Les arbres

arbre (m)	나무	na-mu
à feuilles caduques	낙엽수의	na-gyeop-su-ui
conifère (adj)	침엽수의	chi-myeop-su-ui
à feuilles persistantes	상록의	sang-no-gui
pommier (m)	사과나무	sa-gwa-na-mu
poirier (m)	배나무	bae-na-mu
merisier (m), cerisier (m)	벚나무	beon-na-mu
prunier (m)	자두나무	ja-du-na-mu
bouleau (m)	자작나무	ja-jang-na-mu
chêne (m)	오크	o-keu
tilleul (m)	보리수	bo-ri-su
tremble (m)	사시나무	sa-si-na-mu
érable (m)	단풍나무	dan-pung-na-mu
épicéa (m)	가문비나무	ga-mun-bi-na-mu
pin (m)	소나무	so-na-mu
mélèze (m)	낙엽송	na-gyeop-song
sapin (m)	전나무	jeon-na-mu
cèdre (m)	시다	si-da
peuplier (m)	포플러	po-peul-leo
sorbier (m)	마가목	ma-ga-mok
saule (m)	버드나무	beo-deu-na-mu
aune (m)	오리나무	o-ri-na-mu
hêtre (m)	너도밤나무	neo-do-bam-na-mu
orme (m)	느릅나무	neu-reum-na-mu
frêne (m)	물푸레나무	mul-pu-re-na-mu
marronnier (m)	밤나무	bam-na-mu
magnolia (m)	목련	mong-nyeon
palmier (m)	야자나무	ya-ja-na-mu
cyprès (m)	사이프러스	sa-i-peu-reo-seu
palétuvier (m)	맹그로브	maeng-geu-ro-beu
baobab (m)	바오밥나무	ba-o-bam-na-mu
eucalyptus (m)	유칼립투스	yu-kal-lip-tu-seu
séquoia (m)	세쿼이아	se-kwo-i-a

95. Les arbustes

buisson (m)	덤불	deom-bul
arbrisseau (m)	관목	gwan-mok

vigne (f)	포도 덩굴	po-do deong-gul
vigne (f) (vignoble)	포도밭	po-do-bat
framboise (f)	라즈베리	ra-jeu-be-ri
groseille (f) rouge	레드커런트 나무	re-deu-keo-reon-teu na-mu
groseille (f) verte	구스베리 나무	gu-seu-be-ri na-mu
acacia (m)	아카시아	a-ka-si-a
berbéris (m)	매자나무	mae-ja-na-mu
jasmin (m)	재스민	jae-seu-min
genévrier (m)	두송	du-song
rosier (m)	장미 덤불	jang-mi deom-bul
églantier (m)	찔레나무	jjil-le-na-mu

96. Les fruits. Les baies

pomme (f)	사과	sa-gwa
poire (f)	배	bae
prune (f)	자두	ja-du
fraise (f)	딸기	ttal-gi
cerise (f)	신양	si-nyang
merise (f)	양벚나무	yang-beon-na-mu
raisin (m)	포도	po-do
framboise (f)	라즈베리	ra-jeu-be-ri
cassis (m)	블랙커런트	beul-laek-keo-ren-teu
groseille (f) rouge	레드커런트	re-deu-keo-ren-teu
groseille (f) verte	구스베리	gu-seu-be-ri
canneberge (f)	크랜베리	keu-raen-be-ri
orange (f)	오렌지	o-ren-ji
mandarine (f)	귤	gyul
ananas (m)	파인애플	pa-in-ae-peul
banane (f)	바나나	ba-na-na
datte (f)	대추야자	dae-chu-ya-ja
citron (m)	레몬	re-mon
abricot (m)	살구	sal-gu
pêche (f)	복숭아	bok-sung-a
kiwi (m)	키위	ki-wi
pamplemousse (m)	자몽	ja-mong
baie (f)	장과	jang-gwa
baies (f pl)	장과류	jang-gwa-ryu
airelle (f) rouge	월귤나무	wol-gyul-la-mu
fraise (f) des bois	야생딸기	ya-saeng-ttal-gi
myrtille (f)	빌베리	bil-be-ri

97. Les fleurs. Les plantes

fleur (f)	꽃	kkot
bouquet (m)	꽃다발	kkot-da-bal

rose (f)	장미	jang-mi
tulipe (f)	튤립	tyul-lip
oeillet (m)	카네이션	ka-ne-i-syeon
glaïeul (m)	글라디올러스	geul-la-di-ol-leo-seu
bleuet (m)	수레국화	su-re-guk-wa
campanule (f)	실잔대	sil-jan-dae
dent-de-lion (f)	민들레	min-deul-le
marguerite (f)	캐모마일	kae-mo-ma-il
aloès (m)	알로에	al-lo-e
cactus (m)	선인장	seon-in-jang
ficus (m)	고무나무	go-mu-na-mu
lis (m)	백합	baek-ap
géranium (m)	제라늄	je-ra-nyum
jacinthe (f)	히아신스	hi-a-sin-seu
mimosa (m)	미모사	mi-mo-sa
jonquille (f)	수선화	su-seon-hwa
capucine (f)	한련	hal-lyeon
orchidée (f)	난초	nan-cho
pivoine (f)	모란	mo-ran
violette (f)	바이올렛	ba-i-ol-let
pensée (f)	팬지	paen-ji
myosotis (m)	물망초	mul-mang-cho
pâquerette (f)	데이지	de-i-ji
coquelicot (m)	양귀비	yang-gwi-bi
chanvre (m)	삼	sam
menthe (f)	박하	bak-a
muguet (m)	은방울꽃	eun-bang-ul-kkot
perce-neige (f)	스노드롭	seu-no-deu-rop
ortie (f)	쐐기풀	sswae-gi-pul
oseille (f)	수영	su-yeong
nénuphar (m)	수련	su-ryeon
fougère (f)	고사리	go-sa-ri
lichen (m)	이끼	i-kki
serre (f) tropicale	온실	on-sil
gazon (m)	잔디	jan-di
parterre (m) de fleurs	꽃밭	kkot-bat
plante (f)	식물	sing-mul
herbe (f)	풀	pul
brin (m) d'herbe	풀잎	pu-rip
feuille (f)	잎	ip
pétale (m)	꽃잎	kko-chip
tige (f)	줄기	jul-gi
tubercule (m)	구근	gu-geun
pousse (f)	새싹	sae-ssak

épine (f)	가시	ga-si
fleurir (vi)	피우다	pi-u-da
se faner (vp)	시들다	si-deul-da
odeur (f)	향기	hyang-gi
couper (vt)	자르다	ja-reu-da
cueillir (fleurs)	따다	tta-da

98. Les céréales

grains (m pl)	곡물	gong-mul
céréales (f pl) (plantes)	곡류	gong-nyu
épi (m)	이삭	i-sak
blé (m)	밀	mil
seigle (m)	호밀	ho-mil
avoine (f)	귀리	gwi-ri
millet (m)	수수, 기장	su-su, gi-jang
orge (f)	보리	bo-ri
maïs (m)	옥수수	ok-su-su
riz (m)	쌀	ssal
sarrasin (m)	메밀	me-mil
pois (m)	완두	wan-du
haricot (m)	강낭콩	gang-nang-kong
soja (m)	콩	kong
lentille (f)	렌즈콩	ren-jeu-kong
fèves (f pl)	콩	kong

LES PAYS DU MONDE

99. Les pays du monde. Partie 1

Afghanistan (m)	아프가니스탄	a-peu-ga-ni-seu-tan
Albanie (f)	알바니아	al-ba-ni-a
Allemagne (f)	독일	do-gil
Angleterre (f)	잉글랜드	ing-geul-laen-deu
Arabie (f) Saoudite	사우디아라비아	sa-u-di-a-ra-bi-a
Argentine (f)	아르헨티나	a-reu-hen-ti-na
Arménie (f)	아르메니아	a-reu-me-ni-a
Australie (f)	호주	ho-ju
Autriche (f)	오스트리아	o-seu-teu-ri-a
Azerbaïdjan (m)	아제르바이잔	a-je-reu-ba-i-jan
Bahamas (f pl)	바하마	ba-ha-ma
Bangladesh (m)	방글라데시	bang-geul-la-de-si
Belgique (f)	벨기에	bel-gi-e
Biélorussie (f)	벨로루시	bel-lo-ru-si
Bolivie (f)	볼리비아	bol-li-bi-a
Bosnie (f)	보스니아 헤르체코비나	bo-seu-ni-a he-reu-che-ko-bi-na
Brésil (m)	브라질	beu-ra-jil
Bulgarie (f)	불가리아	bul-ga-ri-a
Cambodge (m)	캄보디아	kam-bo-di-a
Canada (m)	캐나다	kae-na-da
Chili (m)	칠레	chil-le
Chine (f)	중국	jung-guk
Chypre (m)	키프로스	ki-peu-ro-seu
Colombie (f)	콜롬비아	kol-lom-bi-a
Corée (f) du Nord	북한	buk-an
Corée (f) du Sud	한국	han-guk
Croatie (f)	크로아티아	keu-ro-a-ti-a
Cuba (f)	쿠바	ku-ba
Danemark (m)	덴마크	den-ma-keu
Écosse (f)	스코틀랜드	seu-ko-teul-laen-deu
Égypte (f)	이집트	i-jip-teu
Équateur (m)	에콰도르	e-kwa-do-reu
Espagne (f)	스페인	seu-pe-in
Estonie (f)	에스토니아	e-seu-to-ni-a
Les États Unis	미국	mi-guk
Fédération (f) des Émirats Arabes Unis	아랍에미리트	a-ra-be-mi-ri-teu
Finlande (f)	핀란드	pil-lan-deu
France (f)	프랑스	peu-rang-seu
Géorgie (f)	그루지야	geu-ru-ji-ya
Ghana (m)	가나	ga-na

| Grande-Bretagne (f) | 영국 | yeong-guk |
| Grèce (f) | 그리스 | geu-ri-seu |

100. Les pays du monde. Partie 2

| Haïti (m) | 아이티 | a-i-ti |
| Hongrie (f) | 헝가리 | heong-ga-ri |

Inde (f)	인도	in-do
Indonésie (f)	인도네시아	in-do-ne-si-a
Iran (m)	이란	i-ran
Iraq (m)	이라크	i-ra-keu
Irlande (f)	아일랜드	a-il-laen-deu
Islande (f)	아이슬란드	a-i-seul-lan-deu

| Israël (m) | 이스라엘 | i-seu-ra-el |
| Italie (f) | 이탈리아 | i-tal-li-a |

Jamaïque (f)	자메이카	ja-me-i-ka
Japon (m)	일본	il-bon
Jordanie (f)	요르단	yo-reu-dan
Kazakhstan (m)	카자흐스탄	ka-ja-heu-seu-tan
Kenya (m)	케냐	ke-nya

| Kirghizistan (m) | 키르기스스탄 | ki-reu-gi-seu-seu-tan |
| Koweït (m) | 쿠웨이트 | ku-we-i-teu |

Laos (m)	라오스	ra-o-seu
Lettonie (f)	라트비아	ra-teu-bi-a
Liban (m)	레바논	re-ba-non
Libye (f)	리비아	ri-bi-a
Liechtenstein (m)	리히텐슈타인	ri-hi-ten-syu-ta-in

| Lituanie (f) | 리투아니아 | ri-tu-a-ni-a |
| Luxembourg (m) | 룩셈부르크 | ruk-sem-bu-reu-keu |

Macédoine (f)	마케도니아	ma-ke-do-ni-a
Madagascar (f)	마다가스카르	ma-da-ga-seu-ka-reu
Malaisie (f)	말레이시아	mal-le-i-si-a
Malte (f)	몰타	mol-ta
Maroc (m)	모로코	mo-ro-ko

| Mexique (m) | 멕시코 | mek-si-ko |
| Moldavie (f) | 몰도바 | mol-do-ba |

Monaco (m)	모나코	mo-na-ko
Mongolie (f)	몽골	mong-gol
Monténégro (m)	몬테네그로	mon-te-ne-geu-ro
Myanmar (m)	미얀마	mi-yan-ma
Namibie (f)	나미비아	na-mi-bi-a
Népal (m)	네팔	ne-pal
Norvège (f)	노르웨이	no-reu-we-i
Nouvelle Zélande (f)	뉴질랜드	nyu-jil-laen-deu
Ouzbékistan (m)	우즈베키스탄	u-jeu-be-ki-seu-tan

101. Les pays du monde. Partie 3

Pakistan (m)	파키스탄	pa-ki-seu-tan
Palestine (f)	팔레스타인	pal-le-seu-ta-in
Panamá (m)	파나마	pa-na-ma
Paraguay (m)	파라과이	pa-ra-gwa-i
Pays-Bas (m)	네덜란드	ne-deol-lan-deu
Pérou (m)	페루	pe-ru
Pologne (f)	폴란드	pol-lan-deu
Polynésie (f) Française	폴리네시아	pol-li-ne-si-a
Portugal (m)	포르투갈	po-reu-tu-gal
République (f) Dominicaine	도미니카 공화국	do-mi-ni-ka gong-hwa-guk
République (f) Sud-africaine	남아프리카 공화국	nam-a-peu-ri-ka gong-hwa-guk
République (f) Tchèque	체코	che-ko
Roumanie (f)	루마니아	ru-ma-ni-a
Russie (f)	러시아	reo-si-a
Sénégal (m)	세네갈	se-ne-gal
Serbie (f)	세르비아	se-reu-bi-a
Slovaquie (f)	슬로바키아	seul-lo-ba-ki-a
Slovénie (f)	슬로베니아	seul-lo-be-ni-a
Suède (f)	스웨덴	seu-we-den
Suisse (f)	스위스	seu-wi-seu
Surinam (m)	수리남	su-ri-nam
Syrie (f)	시리아	si-ri-a
Tadjikistan (m)	타지키스탄	ta-ji-ki-seu-tan
Taïwan (m)	대만	dae-man
Tanzanie (f)	탄자니아	tan-ja-ni-a
Tasmanie (f)	태즈메이니아	tae-jeu-me-i-ni-a
Thaïlande (f)	태국	tae-guk
Tunisie (f)	튀니지	twi-ni-ji
Turkménistan (m)	투르크메니스탄	tu-reu-keu-me-ni-seu-tan
Turquie (f)	터키	teo-ki
Ukraine (f)	우크라이나	u-keu-ra-i-na
Uruguay (m)	우루과이	u-ru-gwa-i
Vatican (m)	바티칸	ba-ti-kan
Venezuela (f)	베네수엘라	be-ne-su-el-la
Vietnam (m)	베트남	be-teu-nam
Zanzibar (m)	잔지바르	jan-ji-ba-reu

www.ingramcontent.com/pod-product-compliance
Lightning Source LLC
Chambersburg PA
CBHW070824050426
42452CB00011B/2171